新时代智库出版的领跑者

中国非洲研究院文库·新时代中非友好合作

主编 王灵桂

国家智库报告（2021）
National Think Tank (2021)

中国与中东国家的金融合作研究

RESEARCH ON FINANCIAL COOPERATION BETWEEN CHINA AND MIDDLE EAST COUNTRIES

姜英梅 著

中国社会科学出版社

图书在版编目(CIP)数据

中国与中东国家的金融合作研究/姜英梅著. —北京:中国社会科学出版社,2021.10

(国家智库报告)

ISBN 978-7-5203-8857-3

Ⅰ.①中⋯ Ⅱ.①姜⋯ Ⅲ.①金融—国际合作—经济合作—研究报告—中国、中东 Ⅳ.①F832.6②F833.706

中国版本图书馆 CIP 数据核字(2021)第 157470 号

出 版 人	赵剑英
责任编辑	喻 苗 乔镜蕈
责任校对	李 剑
责任印制	李寡寡

出　版	中国社会科学出版社
社　址	北京鼓楼西大街甲 158 号
邮　编	100720
网　址	http://www.csspw.cn
发行部	010-84083685
门市部	010-84029450
经　销	新华书店及其他书店
印刷装订	北京君升印刷有限公司
版　次	2021 年 10 月第 1 版
印　次	2021 年 10 月第 1 次印刷
开　本	787×1092 1/16
印　张	11.75
插　页	2
字　数	105 千字
定　价	68.00 元

凡购买中国社会科学出版社图书,如有质量问题请与本社营销中心联系调换
电话:010-84083683
版权所有　侵权必究

摘要：在经济金融化、金融全球化的今天，金融越来越成为现代经济社会正常运转的枢纽和润滑剂。金融是现代经济的核心，金融发展对经济增长至关重要。伴随经济金融全球化发展，国际金融合作日益重要，通过国际间的金融合作促进贸易投资便利化、加强资金融通、规避汇率风险、防范金融风险。中国和中东国家已经认识到开展金融合作是实现互利共赢的重要举措。快速增长的经贸总额、企业的融资需求、庞大的投资资本以及政治外交领域联系的日益密切，更加表明金融合作的必要性和迫切性。资金融通是"一带一路"建设的重要支撑，是撬动沿线国家基础设施建设、实现产能合作的资金杠杆。中国与中东国家金融合作不仅契合了当前双方发展战略的需求，也是新时代中国进一步对外开放的重要组成部分，更有助于推动"一带一路"建设。当前，世界正面临百年未有之大变局，中国与中东国家金融合作既面临机遇，又面临许多挑战和风险。

关键词：中国；中东；金融体系；金融合作

Abstract: In the era of economic and financial globalization, finance has increasingly become the hub and lubricant for the normal operation of modern economy and society. Finance is the core of modern economy, and financial development is crucial to economic growth. With development of economic and financial globalization, international financial cooperation is becoming more and more important. Through international financial cooperation, we can promote trade and investment facilitation, strengthen financing, avoid exchange rate risk and guard against financial risk. China and Middle East countries have realized that financial cooperation is a new field of mutual benefit and win – win. The rapid growth of economic and trade, the financing needs of enterprises, the huge investment capital and the increasingly close political and diplomatic fields all show the necessity and urgency of financial cooperation. Financing is an important field in the construction of the Belt and Road and the leverage of infrastructure construction and capacity cooperation. Financial cooperation between China and Middle East not only fits the needs of current development strategy of two sides, but also is an important part of China's further opening up to the outside world in the new era as well as construction of the Belt and Road. The world today is in a state of a period of major changes that's rarely seen in a century. Financial cooperation between China and Middle East countries is also facing both opportunities and many challenges and risks.

Key Words: China; Middle East; Financial System; Financial Cooperation

目 录

一 中东国家金融体系发展概况 …………………（1）
 （一）中东国家金融体系发展历程 ……………（2）
 （二）中东金融体系的伊斯兰特色 ……………（6）
 （三）中东金融机构概况 ………………………（15）
 （四）中东金融体系与经济发展 ………………（22）

二 中东主要国家金融发展战略 …………………（30）
 （一）海合会国家争当地区金融中心 …………（31）
 （二）马格里布国家金融发展战略 ……………（44）
 （三）马什雷克国家金融发展战略 ……………（51）
 （四）非阿拉伯国家金融发展战略 ……………（60）

三 中国与中东国家对外金融合作概况 …………（67）
 （一）国际金融合作理论 ………………………（67）
 （二）中东国家对外金融合作概况 ……………（70）

（三）中国对外金融合作概况 …………………（82）
　　（四）中国与中东国家金融合作现状 ………（96）

四　中国与中东国家金融合作面临的新机遇 …（125）
　　（一）全球经济金融协调发展的需要 ………（125）
　　（二）中国金融开放进入新时代 ……………（127）
　　（三）中东国家的需求 ………………………（133）
　　（四）中国与中东国家"一带一路"合作
　　　　　需要 ………………………………………（137）

五　中国与中东国家金融合作面临的新挑战 …（140）
　　（一）国际战略形势发生深刻变化 …………（141）
　　（二）来自中东国家的风险 …………………（146）
　　（三）中国自身面临的挑战 …………………（152）

六　对深化中国—中东国家金融合作的
　　政策建议 …………………………………………（158）
　　（一）练好内功，金融业服务新发展
　　　　　格局 ………………………………………（159）
　　（二）加强共识，互利共赢 …………………（161）
　　（三）创新投融资模式 ………………………（162）
　　（四）在中东国家积极推进人民币
　　　　　国际化 ……………………………………（165）

（五）加强投融资监管与合作，建立风险

　　　防范机制 …………………………………（166）

（六）积极参与国际经济金融治理 …………（167）

参考文献 …………………………………………（169）

表目录

表1-1　世界各地区伊斯兰金融资产及比例 …（14）

表1-2　中东国家银行10强 ……………（16）

表1-3　中东国家股票市场主要指标 …………（20）

表3-1　中东国家主权财富基金 ……………（76）

表3-2　中东地区金融中心在GFCI排名 ………（81）

表3-3　中国商业银行在中东国家布局 ………（99）

表3-4　中国银保监会与中东国家签署的双边监管合作备忘录和合作协议 …………（103）

表3-5　亚投行中东地区成员国 ……………（110）

表3-6　中国出口信用保险公司在中东国家承保的相关项目 …………………（112）

表3-7　中国与中东国家签署双边本币互换协议一览表 ……………………（118）

表3-8　获得QFII及RQFII的中东投资机构 ……………………………（119）

表 4-1 2019 年中国与中东国家经贸额 ……… （139）
表 5-1 中东与世界各地区经济指标 ………… （142）
表 5-2 中东国家市场环境指数 ……………… （148）

一 中东国家金融体系发展概况

相比农业和工业部门,中东国家的金融部门出现时间相对较短。1929年在巴勒斯坦建立的阿拉伯银行(Arab Bank)标志着中东现代银行的兴起。经过20世纪70年代和21世纪前10年的石油美元繁荣以及20世纪90年代的金融自由化改革,中东金融部门发展迅速,伊斯兰金融更是突飞猛进。然而,在全球金融体系中,中东金融仍处于边缘地带,金融部门对经济增长的作用仍很有限,并表现出"排他性"的特点,主要包括信贷信息环境恶化、私营部门信贷不足、管制过严、新银行进入市场门槛高、银行不良贷款率高,以及股票、债券等资本市场落后。中东金融远离国际金融体系,还没有形成经济增长的有效机制。地缘政治、石油美元、传统习俗、商业文化环境以及金融全球化这五大方面是中东金融发展滞后的制度因素。

未来中东金融发展应以政府引导为主、市场需求为辅；金融部门应主动开放、适度自由、加强监管和保护；以地区整合应对全球化挑战和冲击，逐渐从边缘向中心靠拢，在国际新秩序中获得一席之地。

（一）中东国家金融体系发展历程

中东地区现代银行兴起于19世纪中后期，但直到20世纪20年代阿拉伯银行的建立，中东国家银行才开始逐渐摆脱西方国家的控制。中东地区外国银行的体系构成和经营理念为当地国家建立本土银行提供了很好的模板和借鉴作用[1]。实际上，这也是中东金融部门相较其他经济部门相对完善的客观原因。

1. 中东现代银行的兴起（19世纪中后期至1973年）

1929年在巴勒斯坦建立的阿拉伯银行标志着中东现代银行的兴起。然而，从殖民地时期到20世纪70年代早期，中东阿拉伯国家的金融活动几乎被限制在国内市场。独立以后，阿拉伯国家积极利用本国资源，发展国内经济，带动了银行业务的迅速发展，形成了

---

[1] Naiem A. Sherbiny, *Oil and the Internationalization of Arab Banks*, Oxford: Oxford Institute for Energy Studies, 1985, p. 4.

贝鲁特、科威特、阿曼这些银行业务发展较快的金融中心。这一时期建立的国家银行，以后都发展成了本国的大银行。传统金融机构（货币兑换所）和现代商业银行并存，服务于不同的社会群体，这种二元金融结构，是当时中东地区金融机构的重要特点（直到现在仍是如此）。

2. 中东金融体系雏形建立时期（1973年至20世纪80年代）

石油美元繁荣为中东传统金融和伊斯兰金融飞速发展插上了"翅膀"。20世纪70年代以后，为了获得对石油美元回流的参与权和决策权，阿拉伯国家加强了对金融体系的控制，有的阿拉伯国家实行银行业国有化政策，由私人家族所有的商业银行也与政府银行合并或合作，以开展国际金融业务，许多新建的金融机构大多为国家所有或由政府财政部直接管辖。源源不断的石油美元、金融专业人才的培养，成为阿拉伯金融业务发展的有利资源。阿拉伯银行业迅速崛起，银行、投资公司等不断涌现，货币、资本市场纷纷建立，还出现了贝鲁特、巴林、科威特等金融中心。阿拉伯银行机构投资业务从单一化转向多元化，并逐步国际化。更为重要的是，1980—1984年欧洲债券市场上86%的辛迪加贷款、70%的欧洲债券、49%的直接投资，都有阿拉伯银行参与其中①。1979—1983 年，由阿拉伯银行牵头的欧洲辛迪加贷款中，前 20 名大银行的贷款占所有贷款的 88%，剩下的 12% 由 30 家规模较小的银行运作②。这一时期，最令人瞩目的是伊斯兰银行的出现，金融体制伊斯兰化得到发展。与此同时，20 世纪 70 年代也是中东经济留下光辉记录的十年。

3. 中东开启金融自由化进程（20 世纪 90 年代）

20 世纪 90 年代席卷全球的经济自由化和金融深化理论和实践，对中东阿拉伯国家也产生了深刻影响。埃及、约旦、海湾各国以及主要马格里布国家（阿尔及利亚、摩洛哥、突尼斯）等普遍经历了程度不同的金融改革，旨在实现金融体系自由化，取消金融压制和过度监管，代之以更具竞争力的金融环境。这些改革措施包括：制定相关银行法律法规、取消利率和外汇管制，制定更加灵活的信贷措施，减少对货币兑换的限制，银行私有化并对外资银行开放，拓宽银行资金来源，提高资本充足率以符合巴塞尔资本协议国际标准，引进审慎监管。中东金融体系逐步朝着"体制

---

① Naiem A. Sherbiny, *Oil and the Internationalization of Arab Banks*, Oxford: Oxford Institute for Energy Studies, 1985. p. 25.

② Naiem A. Sherbiny, *Oil and the Internationalization of Arab Banks*, Oxford: Oxford Institute for Energy Studies, 1985. p. 25.

私有化，经营规模化，服务网络化，业务全能化和区域一体化"[①]的方向迈进，在资源优化配置方面的作用日益显现。但是，相对其他发展中国家，中东金融自由化进程比较缓慢，也不够彻底，银行体系仍在阿拉伯金融体系中占主导地位。

4. 中东金融体系新一轮快速增长期（21世纪）

进入21世纪，新一轮石油美元膨胀和相对稳定的政治局面，致使中东金融进入第二轮快速生长周期。一些中东国家继续金融部门改革，包括金融机构私有化、允许设立私营金融机构和外资金融机构、提高银行监管水平等。据世界银行和国际金融公司统计，2000—2008年，中东[②]地区金融部门累计私有化总额56.82亿美元，占该地区私有化总额的18.94%，占发展中国家金融部门私有化总额的3.8%[③]。自2014年底以来，油价大跌对中东金融体系造成负面影响，尽管仍保持较高的弹性，但银行敞口风险加大，流动性紧张；油价持续低迷也对股市造成冲击，一些准备上市的公司不得不推迟IPO；未弥补财政赤字，油价下

[①] 钱学文：《海湾国家经济贸易发展研究》，上海外语教育出版社2000年版，第79页。

[②] 包括阿尔及利亚、埃及、伊朗、伊拉克、约旦、黎巴嫩、利比亚、摩洛哥、阿曼、叙利亚、突尼斯、也门。

[③] World Bank, *International Financial Corporation*, 2010, p.126.

跌促进了中东债券市场的发展,尤其是主权债券市场发展。未来,中东地区金融体系将出现多样化发展。经济形势、监管环境、风险敞口水平、巴塞尔资本规定(Basel Ⅲ)、银行自身投资战略等因素都将影响金融市场发展。其中,经济形势和地缘政治将是关键影响因素。

(二) 中东金融体系的伊斯兰特色

伊斯兰金融,顾名思义,就是完全遵从伊斯兰教规(沙里亚,Shariah)的金融交易活动,英文称作"Shariah-compliant Finance",而我们所熟悉的金融活动则称为"传统金融"(Conventional Finance),也有学者将之译为普通金融。伊斯兰金融原则是伊斯兰教规的各项原则在金融领域的适用,是西方现代经济理论与伊斯兰经济思想相结合的产物,主要由伊斯兰教法学家做出的法理解释和判决构成,实际上就是现代金融体系在伊斯兰世界的本土化。伊斯兰金融活动必须遵循一些"天命"的原则,主要包括以下几条:严禁利息、风险共担、货币是"潜在的"资本、对投机行为的禁律、合同的神圣性、沙里亚法批准的活动、资产的支持和社会公正等。伊斯兰金融的兴起最初是与伊斯兰复兴运动以及伊斯兰国家石油美元膨胀相伴而生的。但随着对石油收入的侵蚀以及第三次石油危机，伊斯兰金融的持续增长则反映出其他因素的影响，例如对建立在伊斯兰原则基础上的社会政治和经济制度的期望以及强烈的伊斯兰特色等。此外，宏观经济改革以及在金融系统内资本流动的自由化、私有化和金融市场的全球一体化，也为伊斯兰金融的扩张铺平了道路。

1. 中东伊斯兰金融发展历程

自20世纪70年代以来，随着原教旨主义的兴起和石油美元大增，伊斯兰金融理论的实践——伊斯兰银行才开始出现。值得注意的是，建立伊斯兰银行的呼声最早来自巴基斯坦。然而伊斯兰金融运动则是随着伊斯兰复兴运动的兴起以及石油收入的大幅增加而展开的，伊斯兰银行是伊斯兰金融活动最初也是最主要的形式。1972年埃及纳赛尔社会银行在开罗成立，成为"战后第一家面向城市客户的伊斯兰银行"[①]。此后阿联酋迪拜的伊斯兰银行是第一家私人的伊斯兰银行。1975年成立的伊斯兰开发银行和1977年成立的国际伊斯兰银行业协会，进一步促进了伊斯兰金融业的发展，海湾地区乃至整个伊斯兰世界兴起了一股创建

[①] 许利平等：《当代东南亚伊斯兰发展与挑战》，时事出版社2008年版，第244页。

伊斯兰银行的热潮。随着伊斯兰世界经济交往的日益密切，伊斯兰银行出现了一定程度的联合发展，沙特发挥了主导作用。埃及费萨尔伊斯兰银行、苏丹费萨尔伊斯兰银行和沙特—菲律宾费萨尔银行等，都包含有40%以上的沙特官方和私人资本。1980年沙特在日内瓦建立伊斯兰投资社，从而使伊斯兰银行打入西方金融市场。此后，沙特陆续在伦敦、伯明翰、土耳其、突尼斯、马来西亚等国家和地区开办分行，大大拓展了伊斯兰银行市场。20世纪70年代末，巴林离岸金融中心出现后，一大批伊斯兰银行被吸引至巴林，从而成就了巴林的世界伊斯兰金融中心地位。与此同时，伊斯兰国家还建立了一批国际投资银行。从第一家伊斯兰银行建立到80年代末，伊斯兰金融机构发展到近40家，主要出现在中东地区，禁止涉猎一些金融衍生品，例如期权、期货、政府债券、固定收益债券以及股票等。这段时期被称为伊斯兰金融的"第一次现代化"（the first aggiornamento），主要围绕伊斯兰教法学家的解释、合法性等文字工作展开[1]。

1990年是国际政治格局的重要分水岭，冷战结束、两极格局终结标志着一个新的国际秩序即将建立。

---

[1] Clement M. Henry and Rodney Wilson, "The Politics of Islamic Finance", *International Journal of Islamic & Middle Eastern Finance & Management*, 2004, 7 (3), p.184.

以新自由主义为理论基础的金融自由化、去监管化、私有化对伊斯兰金融产生了重大影响。一些西方国家的金融自由化政策降低或取消了伊斯兰金融机构准入门槛；西方国家穆斯林人口日益增多，穆斯林中产阶级地位上升；中东地区伊斯兰复兴主义的再次抬头，等等，都促进了伊斯兰金融的全球化发展。受金融全球化影响，伊斯兰金融机构自身也日益多元化，伊斯兰保险、投资基金和伊斯兰债券等非银行金融工具迅速兴起，伊斯兰银行发展速度相对放缓。除了中东地区，东南亚的伊斯兰金融活动也迅速展开，其中马来西亚在政府主导下，以其灵活务实的经营原则，成长为新的伊斯兰金融中心。马来西亚的无息债券促进了伊斯兰资本市场的发展，同时期保守的阿拉伯海湾地区还对此持怀疑和反对态度。值得注意的是，伊斯兰银行改变了对传统银行的敌视态度，开始进行合作。首先表现在传统银行开设伊斯兰分支机构或伊斯兰窗口；其次是非伊斯兰国家的金融机构建立伊斯兰分支机构或提供伊斯兰产品；再次，一些伊斯兰金融机构开始对非穆斯林提供伊斯兰金融产品；复次，非伊斯兰国家的伊斯兰银行数量日益增多；最后，越来越多的伊智提哈德[①]（ijtihad）传统金融机构和伊斯兰金融

[①] 伊智提哈德：阿拉伯语音译，原意为"努力""勤奋"。经堂语译为"上紧""剖取"。意译为"创制"。

机构合作的产物,且在非伊斯兰世界比较明显[1]。截至1997年,全球已有170多家伊斯兰银行和金融机构,伊斯兰金融资产达到1477亿美元[2]。20世纪90年代是伊斯兰金融的第二次现代化,强调伊斯兰的"道德经济"或"精神原则",以评估现代金融工具与伊斯兰教法的相容性[3]。

进入21世纪,随着石油价格飙升,伊斯兰国家的石油收入滚滚而来,尽管受到"9·11"事件的影响,国际金融市场对伊斯兰金融产品和石油美元的渴求并未就此打住,伊斯兰金融仍保持强劲发展势头,出现了第三次现代化。传统银行不断开设伊斯兰窗口、推出伊斯兰金融产品;伊斯兰金融也逐渐从伊斯兰世界向非伊斯兰世界扩展,以中东和东南亚为中心,辐射至纽约、伦敦、东京、新加坡及中国香港等国际金融中心,全球50多个伊斯兰国家及非伊斯兰国家均设有伊斯兰金融机构,达到300多家。其中包括商业银行、

---

[1] Ibrahim Warde, *Islamic Finance in the Global Economy*, Edinburgh: Edinburgh University Press, 2000, pp. 86 - 87.

[2] International Association of Islamic Banks (1997); Tarek S. Zaher and M. Kabir Hassan, "A Comparative Literature Survey of Islamic Finance and Banking", *Financial Markets, Institutions & Instruments*, Vol. 10, No. 4, November 2001, p. 174.

[3] Clement M. Henry and Rodney Wilson, "The Politics of Islamic Finance", *International Journal of Islamic & Middle Eastern Finance & Management*, 2004, 7 (3), p. 185.

投资银行、保险公司、基金管理公司及其他金融服务公司,另外还有约200家由传统银行设立的伊斯兰窗口[1]。美欧大型传统银行为分割伊斯兰金融市场这块大蛋糕,吸引穆斯林客户,纷纷开设伊斯兰专柜、窗口和分支机构,或者设立投资基金。一些国际伊斯兰金融组织纷纷成立,以加强对全球伊斯兰金融行业的统一监管和协调,促进可持续发展。由于伊斯兰金融的蓬勃发展和金融潜力,各国争相成为伊斯兰金融中心。

2. 中东伊斯兰金融差异化发展

值得注意的是,由于政治环境、经济状况以及对宗教的依赖程度不同,各国对伊斯兰金融机构的看法、允许经营的范围和参与的程度呈现差异化发展,伊斯兰金融体系在各国的作用也不尽相同[2]。其中,有国家政权主导下的金融体系伊斯兰化,例如巴基斯坦、伊朗、苏丹等国。1979年巴基斯坦成为第一个银行体制伊斯兰化的国家,随后,伊朗和苏丹也在1983年和1991年完成了银行部门的伊斯兰化[3]。然而,伊朗国有银行更像

---

[1] The Banker, *Top 500 Islamic Financial Institutions Supplement*, Nov. 2009, p. 30.

[2] 参见巴曙松、刘先丰、崔峥《伊斯兰金融体系形成的市场基础与金融特性研究》,《金融理论与实践》2009年第6期。

[3] Ibrahim Warde, *Islamic Finance in the global Economy*, Edinburgh: Edinburgh University Press, 2000, pp. 112–117.

是一个官僚机构，缺乏创新和活力。其次，是以沙特为代表的伊斯兰金融系统形式，沙特政府曾于20世纪40年代宣称其国内金融机构都是根据伊斯兰金融原则创立和发展的，因此没有必要冠以伊斯兰的名称。未来，沙特将取代伊朗成为伊斯兰金融资产最大的国家，这是因为海合会国家的伊斯兰金融活动更具创新性和吸引力。再次，是以巴林和马来西亚为代表的政府支持型，伊斯兰金融的发展程度与政府的态度正相关，政府越支持，发展越顺利。复次，在一些世俗国家，政府并不热心伊斯兰金融业的发展，但政府为保持政权合法性，也会在一定程度上允许建立伊斯兰银行，以土耳其、也门、突尼斯、埃及等国为代表。最后就是一些非穆斯林国家，通过设立伊斯兰金融机构或传统银行伊斯兰窗口来开展伊斯兰金融，例如英国和法国。总体来说，伊斯兰金融不断扩展的事实表明，其所处的政治经济环境从一定程度上来讲是自由的。时至今日，从全球范围来看，中东和东南亚地区是伊斯兰金融最活跃的两个区域。受益于政府对伊斯兰金融业的支持、有利的监管环境以及国内民众与伊斯兰教法的紧密联系，海湾国家成为中东地区的伊斯兰金融中心。马来西亚也以完整的金融体系、相对灵活的教法解释以及稳定的政治环境成为东南亚伊斯兰金融中心的不二选择。穆斯林国家以外的地区，英国伦敦是最强的伊斯兰金融中心，其他国家也不甘落后，美国、法国和德国也为吸引穆斯林资金，大力发展伊斯兰金融业务。亚洲的新加坡、日本、中国香港均有意将本地建设成为国际伊斯兰金融中心。可以预见，未来伊斯兰金融中心争夺战将是十分激烈的。

总之，伊斯兰金融机构从20世纪60年代仅仅服务于虔诚穆斯林的边缘产业，成长为涵盖各类金融活动的全球产业，成为国际金融体系不可分割的一个组成部分。伊斯兰金融参与者日益广泛，伊斯兰金融产品不断创新，涵盖了银行、保险、资本市场及基金管理产品。2016年，中东地区伊斯兰金融资产达到1.36万亿美元，占全球伊斯兰金融资产的72.2%。其中GCC（海湾合作委员会）国家和非GCC国家伊斯兰金融资产分别为8011亿美元和5657亿美元。GCC国家伊斯兰金融发展也不均衡，沙特伊斯兰金融资产位居第一，其次是阿联酋、科威特、巴林和卡塔尔。非GCC国家伊斯兰金融资产90%以上集中在伊朗，再其次是埃及、土耳其和约旦，其他国家的伊斯兰金融活动非常少。① 无论如何，海合会国家已经成为伊斯兰世界并辐射欧洲、亚洲的伊斯兰金融中心。随着国际经济复苏、石油和天然气价格反弹以及国内经济回暖，海湾国家金融部门能够获得足够的流动性，将继续大

---

① The Banker, *Top 500 Islamic Financial Institutions*, Nov. 2010, p. 32.

踏步前进。此外，年轻人消费贷款需求强劲、政府的支持、金融指标的良性发展，以及金融活动日益多元化，也将对伊斯兰金融发展产生积极影响[①]。正如罗德尼·威尔逊所说，有些机会可能已经错过了，但未来可能会有更多的惊喜[②]。2019年全球伊斯兰金融资产24368亿美元，GCC国家占比达到45.4%。

表1-1 世界各地区伊斯兰金融资产及比例

（单位：10亿美元，2019年）

地区	伊斯兰银行	伊斯兰债券	伊斯兰投资基金	伊斯兰保险	合计	占比（%）
GCC	854.0	204.5	36.4	11.7	1106.6	45.4
东南亚	240.5	303.3	26.7	3.0	573.5	23.5
中东其他国家与南亚	584.3	19.1	16.5	11.4	631.3	25.8
非洲	33.9	1.8	1.6	0.6	37.9	1.6
其他国家和地区	53.1	14.7	21.1	0.4	89.3	3.7
合计	1765.8	543.4	102.3	27.1	2438.6	100
占比（%）	72.4	22.3	4.2	1.1	100	—

资料来源：Islamic Financial Services Board – IFSB, *Islamic Financial Services Industry Stability Report* 2020, July 2020, p. 12。

[①] Standard & Poor's, *Islamic Finance Research*, Kuwait Finance House, 20 January 2009, p. 46.

[②] Rodney Wilson, "The Development of Islamic Finance in the GCC", The Centre for The Study of Global Governance Working Paper, May 2009, p. 68.

（三）中东金融机构概况

从金融功能的角度来看，中东金融机构可以概括为两大类：第一类是金融中介机构，最早的金融中介是货币兑换商，后来逐渐演变成商业银行。20世纪还出现了另外一些形式的金融机构，如发展基金、专业银行、保险公司、融资租赁公司，还有其他一些提供各种金融服务的机构。第二类是金融市场（资本市场），包含专业市场如股票市场、外汇和黄金市场，以及交易金融工具的市场，如国债和货币市场。

1. 银行机构

尽管在中东经济中存在各种各样的金融机构，商业银行依然稳坐第一把交椅，只不过影响力出现下降趋势。作为储蓄机构比较成功的银行部门，在促进经济方面的作用却很一般。这主要是由于银行信贷主要流向国有公司，大的私人公司；以短期贷款为主；贷款主要流向商业和服务业而不是工业和农业。中东银行部门主导金融体系，但是相比国际大型银行来说依旧属于中下等规模，且分散经营。2017年，前20名中东银行在世界银行1000强的排名在82到220之间。[①] 其中，沙特阿拉伯银

---

① The Banker, *Top 1000 World Banks 2017*, 2017 - 10 - 15, www.thebankerdatabase.com.

行入榜数量最多,为8家,其次为阿联酋6家,以色列和科威特分别为2家,卡塔尔和约旦各1家,但卡塔尔国民银行在中东地区银行排名居首位,一级资本额为172.48亿美元(见表1-2)。截至2018年底,有22家阿拉伯商行跻入《银行家》全球1000家顶尖银行排名,仍集中在海湾合作委员会(以下简称海合会)国家。

表1-2　　　　　　中东国家银行10强

地区排名	世界排名	银行名称	一级资本额(百万美元)
1	82	卡塔尔国民银行	17248
2	87	沙特国民商业银行	15912
3	101	沙特 Al Rajhi 银行	13852
4	109	阿联酋酋长国银行 NBD	13024
5	112	阿联酋阿布扎比国民银行	12458
6	119	沙特 Samba 金融集团	11416
7	128	沙特利雅得银行	10073
8	133	以色列 Hapoalim 银行	9483
9	147	阿联酋 FGB	8792
10	152	以色列 Leumile 银行	8464

资料来源:The Banker, *Top 1000 World Banks 2017*, 2017-10-15, www.thebankerdatabase.com。

与其他地区相比,中东国家银行业仍存在比较严格的市场准入限制,对外资参股国内银行设定比例限制，国有股仍占相当大的比重，大银行占据垄断地位。海合会国家是中东地区金融体系较为开放发达的地区，银行业逐步对外开放，但仍存在外资比例限制、就业本地化限制和分支机构限制。中东石油经济对金融部门溢出效应非常明显。随着石油美元膨胀，巨额流动性刺激实体经济贷款需求激增，一些国家雄心勃勃地计划建立地区金融、商业和旅游中心，银行信贷大量流向庞大的房地产市场、旅游业、股票市场和风险投资。由于政府上马了一系列新兴产业和基础设施工程，银行竞相提供长期融资，项目融资得以飞速发展。与此同时，银行利润不断刷新历史纪录。中东国家银行资产和私营信贷占 GDP 比例逐年上升，在发展中国家中仅次于东亚国家[1]。日益增加的银行流动性和强劲的投资需求，使中东银行信贷业务一片繁荣，私营部门信贷规模也迅速扩大。尽管不同国家信贷比例差别很大，大多数国家银行的私营部门信贷占 GDP 比例都呈上升趋势，其中 GCC 等产油国增长最快。[2] 然而，银行对房地产市场和股票市场的风险敞口也迅速扩大，2008 年在国际金融危机以及油价暴跌的双重打击下，出现流动性紧张和资产

---

[1] World Bank – Financial Flagship, *Bank Competition in the Middle East and Northern African Region*, June 2010, p. 56.

[2] World Bank – Financial Flagship, *Financial Inclusion in the Middle East and Northern Africa*, 2010, p. 34.

质量下降,这些国家不得不大幅缩减信贷规模。2014年后中东石油出口国受低油价冲击,银行流动性紧张导致银行信贷规模缩减。

2. 股票市场

在中东国家中,资本市场被称作股票市场或主要交易对象为股票的市场,这是因为除股票市场外其他市场不发达。因此,中东资本市场的主要功能就是股票交易,当然一些股票市场也包含一小部分其他产品,如债券、国库券。对于中东股票市场来说,除以色列、土耳其和伊朗三家非阿拉伯股票市场外,16个阿拉伯国家有18个股票市场,阿联酋一国就有3个股票市场①,其中16个股票市场参加了阿拉伯货币基金组织综合股指②。伴随私有化进程,阿拉伯证券交易所的所有权和法人实体有所变化,如突尼斯和摩洛哥证券交易所已变成私人企业,被拥有经纪公司同等股份的经纪人所拥有。

---

① 包括2000年成立的阿布扎比证券交易所和迪拜金融市场,以及2005年成立的迪拜国际金融交易所(DIFE)。

② 阿拉伯货币基金组织综合股指(AMF指数)参与机构包括阿布扎比证券交易所、迪拜金融市场、约旦安曼股票交易所、巴林股票交易所、沙特股票交易所、科威特股票交易所、摩洛哥卡萨布兰卡股票交易所、阿尔及利亚股票交易所、突尼斯股票交易所、苏丹喀土穆股票交易所、巴勒斯坦股票交易所、阿曼马斯喀特证券交易所、卡塔尔交易所、黎巴嫩贝鲁特股票交易所、埃及股票交易所和叙利亚大马士革股票交易所共16个股票交易所。伊拉克证券交易所和迪拜国际金融交易所没有加入。

尽管如此，大部分的证券交易所仍部分被政府控制。2000年后是中东股票市场活跃期。除了石油美元的刺激，缺少工业领域投资渠道以及"9·11"之后海湾资金回流也是海合会股市繁荣的重要原因。中东国家的资本市场主要交易普通股，优先股的交易受到限制，而且只存在于少数国家。中东国家股票市场主要是现货市场，而不是期权市场或期货市场。再加上对外资的限制，阿拉伯股票市场与国际股市的关联性还是很低的。可能导致阿拉伯股票市场波动的因素包括油价暴跌、国内政治风险、资本抽逃、存款利率的改变、收益通知、股票市场股权资本流动、汇率变化、通货膨胀率变化、价格限制体系的无效、国内金融媒介的无效和期货率的变化，等等。其中，最有可能的因素是油价下跌、资本抽逃，这在2008年的国际金融危机中演绎得淋漓尽致。其次是国内和地区政治风险，如2010年底以来的中东政治危机。除了上面提到的股市弱点外，中东股票市场还表现为各国发展规模不均衡，跨国上市公司数量少。吸引外国公司来阿拉伯金融市场的概念到目前还不成熟，这是因为中东股票市场还不发达，只是一个新兴市场。2005年成立的迪拜国际金融交易所（DIFE）以吸引外国公司上市为己任，但由于起步晚，与中国香港、新加坡等地还无法相比，更无法与欧洲和纽约股市相提并论了。无论从股票市场市值、上市公司数量、日交易额和交易数量来看，沙特股票市场当居中东阿拉伯国家首位，市值为2.41万亿美元，上市公司数量204家，市值占阿拉伯国家股市总市值的76.15%。海合会六国股市市值占阿拉伯国家股市总市值的比例为95.15%[①]。

表1-3　　　　中东国家股票市场主要指标

（截至2019年12月31日）

股票市场	市值（百万美元）	上市公司
沙特股票市场	2406948	204
阿联酋阿布扎比证券交易所	144607	69
约旦安曼股票交易所	21022	191
巴林股票交易所	26882	44
黎巴嫩贝鲁特股票交易所	7759	28
摩洛哥卡萨布兰卡股票交易所	64204	75
叙利亚大马士革证券交易所	2059	24
卡塔尔证券交易所	160029	42
迪拜金融市场	101970	67
埃及资本市场	42358	248
科威特股票市场	118067	216
阿曼马斯喀特证券市场	48744	130
巴勒斯坦证券交易所	4210	48

---

① Arab Monetary Fund, *Financial Market/Markets Performance/Daily Performance*, http://www.amf.org.ae/en/amdb_performance/daily, 2017-10-25.

续表

股票市场	市值（百万美元）	上市公司
突尼斯股票交易所	8377	81
阿尔及利亚证券交易所	372	2
苏丹喀土穆股票交易所	3114	67
总计	3160722	1536

资料来源：Arab Monetary Fund, *Arab Stock Market Fourth Quarter 2019*, December 31, 2019, pp. 84 – 86.

3. 债券市场

阿拉伯国家债券有三种形式：政府债券、公司债券和伊斯兰债券。政府国库券是期限短于一年的政府债券，大部分的国库券都在金融市场以外发行，由中央银行控制拍卖，或者直接卖给银行、保险机构及其他大的金融机构。在20世纪90年代，许多中东政府不定期地发行国库券，阿拉伯国家国库券利息率在5%—7%，到期日在1—12个月。政府债券包含住房债券、发展债券和普通债券，在股票市场上交易，政府债券从发行者的数量或是交易价值上都比公司债券重要，但是它们相比股票是不重要的。此外，政府还发行一种以外币计价的欧洲债券，主要针对海外发行。公司债券是长期债券，是由公共公司或其他公司通过将其贷款分成等额份额的形式卖给投资者，实现其财务扩张的目的，而不是直接增发可转换债券或者不可转换债券。在发达国家发行公司债券进行融资是很普遍的。但是在大多数国家则受到限制，主要由国有企业和大型私人公司发行。伊斯兰债券也分政府伊斯兰债券和公司伊斯兰债券，可以在股票市场进行交易。海合会国家债券市场在中东国家发展最快，2000年后渐趋活跃。此外，埃及、摩洛哥、突尼斯债券市场也相对发达。然而，中东债券市场融资和配置资源能力仍然很低，二级市场不发达，政府债券市场处于初级阶段，公司债券市场（Corporate Market）由于持有长期债券的困难以及私人大企业的相对不足，一级和二级债券市场均发展缓慢，货币市场还严重依赖中央银行干预。契约性储蓄以养老金基金和人寿保险公司为主。国内投资机构不足，以共同基金（一种投资公司形式）、商业银行的信托部门、保险公司和人寿保险公司为主。近年来，全球流动性紧缩、中东地区地缘政治风险和伊斯兰债券发行的一些固有挑战，抑制了全球伊斯兰债券市场的整体表现。

（四）中东金融体系与经济发展

大量研究表明，金融发展的确能提高要素生产率，从而对经济增长起稳定作用。由于中东金融体系在全球金融体系处于边缘地带，关于中东地区金融发展与经济增长关系方面的实证研究历来不被经济学家所重视。近年来有所改变。几位经济学家和国际货币基金组织的论证分析得出的结论并不一致，有时甚至是相反的结果，并不能很好地支持金融发展影响经济增长的经验假定。这主要是因为中东各国较高的金融深度并没有广泛转化为企业和个人的融资权，没有发挥优化资源配置的作用。调查显示，75%的中东私营商业投资资金来源于自有资金积累[①]。因此，该地区积累的巨额资产并没有配置到生产性投资上，转化为生产力。从长期来看，中东地区金融中介能在多大程度上利用石油美元提高经济效率和人均GDP增长率并保持稳定发展，依赖于多少石油美元被用于生产性投资上。然而，中东金融部门丰富的资源和企业外部融资的缺乏构成金融发展与实体经济增长的结构性分离（structural disconnect）的特点，中东金融体系表现出强烈的排他性（Financial Exclusion），主要表现在以下几个方面。

1. 银行主导中东金融体系

中东金融体系由银行占主导地位，资本市场尤其是债券市场发展滞后，企业主要依靠间接融资而不是

---

① World Bank – Financial Flagship, *Bank Competition in the Middle East and Northern African Region*, June 2010, p. 136.

直接融资。股票市场迅速发展，但与其他新兴市场国家相比还欠发达。最大的原因在于政府意愿缺乏以及利益集团的阻挠。此外，还包括政府过多参与经济、公共部门人员过剩、私营部门创造就业步伐缓慢，中东股票市场许多上市公司是家族企业，限制了股票交易量和交易额，等等。二级债券市场发展滞后，海合会国家的二级债券市场流动性也很低。金融产品缺乏创新，对高风险债券以及房地产市场投资日益增多，加大银行敞口风险。保险市场渗透率低，养老金市场发展水平很低。大部分养老金资产和保费收入都投资于政府债券，而不是投向实体经济。

2. 银行国有股比例高，信贷结构不合理

银行国有股比例高。中东大多数国家存在严格的市场准入原则，私人银行和外资银行进入门槛高，大多数银行由政府控股。中东地区42%的银行资产控制在政府手中，是中等收入国家的两倍、高收入国家的6倍。利比亚、阿尔及利亚和伊朗比例高达89%—100%[1]。巴林和阿曼银行则几乎没有直接的政府控股。

信贷结构不合理。银行信贷青睐公共部门/国有企

---

[1] Nada Kobeissi & Xian Sun, "Ownership Structure and Bank Performance: Evidence from the Middle East and North Africa Region", *Comparative Economics Studies*, May 2010, pp. 287–323.

业和大型私企。中小微企业融资困难,对信贷流向、经营效率和抗风险能力产生重要影响。中东银行超过30%的信贷额投向公共部门,高收入国家这一比例仅为7%,中等收入国家为20%—25%[1]。对公共部门贷款倾斜最多的国家,大部分是银行国有股权最高的国家,例如叙利亚、阿尔及利亚、利比亚、卡塔尔和埃及。

信贷文化薄弱,金融保守主义普遍。居民储蓄投资率低,银行融资以短期贷款为主,贷款主要流向商业和服务业而不是工业和农业。和其他发展中地区相比,中东企业获得金融机构信贷比例最低,仅为25%,东欧中亚、拉美和南亚地区分别为56%、54%和45%。此外,中东地区认为融资是经济活动主要障碍的公司比例最高(撒哈拉以南非洲除外),达到34%。[2]

银行效率低。银行缺少能够评估商业风险的合格信贷员。一些国家的国有银行作风官僚、管理不善、信贷决策高度集中。

---

[1] Alejandro Alvarez De La Campa, *Increasing Access to Credit through Reforming Secured Transactions in the MENA Region*, World Bank Financial Flagship, June 2010, p. 36.

[2] Alejandro Alvarez De La Campa, *Increasing Access to Credit through Reforming Secured Transactions in the MENA Region*, World Bank Financial Flagship, June 2010, p. 38.

银行交易成本高和资产质量差。信贷决策失灵不可避免产生大量坏账呆账，并导致经营成本上升。

海合会国家私人银行相对较多，其资本充足率、资产质量和经营成本明显好于其他国家。银行绩效指标最差的国家是也门、叙利亚、阿尔及利亚、埃及、突尼斯、吉布提、摩洛哥和约旦。

3. 金融基础设施不足，普通大众获得银行服务的机会较少

从银行分支机构、每 1000 人拥有的存贷款账户、ATM 机、POSE 机、网上银行等基础设施来看，中东银行基础设施不足。世界银行报告指出，21 世纪以来的石油繁荣促进了中东金融部门发展。然而，这些正面发展仅使该地区 60% 的人口受益。

4. 各类开发基金效率缺失

阿拉伯开发基金设立的初衷是促进经济整合、地区一体化以及倡议阿拉伯联合项目，然而，由于各种原因该目标并没能实现。主要原因有三个。

首先，开发基金青睐政府和公共项目，再加上阿拉伯国家专业银行（农业银行、住房银行、农村和工业银行）数量有限，私营部门项目资金严重不足。

其次，大多数开发基金不良贷款率高，主要是阿

拉伯和非洲政府的不良贷款。

最后,开发基金与商业银行、专业银行和私营部门缺乏联系沟通。

所有这些不足和缺点导致中东金融发展与实体经济联系不紧密,在优化配置资源促进经济增长方面与其他发展中地区相比仍有很大差距。

5. 金融竞争力弱

就宏观经济指数而言,例如存贷款占 GDP 比例、M2/GDP 比例,中东国家的金融深化程度较高。然而,中东地区较高的金融深化指数并不意味着较高的金融竞争力。世界银行通过实证分析发现,中东地区金融部门竞争力低于大多数发展中地区,仅高于撒哈拉以南非洲和南亚[1],金融部门对经济增长的作用仍很有限。金融部门竞争力弱主要表现在信贷信息环境恶化、私营部门信贷不足、管制过严、新银行进入市场门槛高、银行不良贷款率高,以及股票、债券等资本市场落后。总之,中东国家金融自由化进程缓慢且不彻底,与国际金融体系联系不深,这增强了中东金融抵御国际金融危机的能力。然而,在金融全球化的今天,国际金融体系不存在任何绝缘体。2008 年国际金融危机

---

[1] Diego Anzoategui, *Bank Competition in the Middle East and Northern African Region*, World Bank Financial Flagship, June 2010, p. 86.

通过油价的传导机制对中东经济和金融体系造成严重冲击。

6. 中东金融体系存在二元结构

货币兑换商在中东金融发展中发挥了有意义的作用,直至今天,还拥有广泛的客户群。20 世纪 80 年代以来,从交易价值角度来看,银行业已经主导金融商业活动,但是就顾客绝对数量来看,货币兑换所更胜一筹[1]。传统的货币兑换所吸收了巴扎和集市经济的商业模式,与客户的金融关系实际是良好私人关系的体现。货币兑换所无须上缴存款准备金,不接受中央银行监管,因而经营成本低。其提供的信贷业务条款灵活,放款便利,营业时间长,加之手续费低,主顾关系良好,颇受中东普通人民尤其是下层人民的青睐。可以说,正是由于正规金融体系的不健全才凸显了非正规金融机构的生命力,这也是中东二元金融体系的特征之一。时至今日,作为中东最早产生的金融商业行为,货币兑换所仍未过时。尽管一些机构的业务范围和经营管理已经实现现代化,并执行商业银行的大部分职能,或演变为股票经济公司,但仍有一些机构坚持固有的传统经营之道,实践自身的金融理念。

---

[1] Rodney Wilson, *Banking and Finance in the Arab Middle East*, Byfleet: Macmillan Publishers Ltd, 1983, pp. 4-5.

总之，中东金融发展对经济增长的作用还有待大幅提高。为了优化配置石油美元和发展资金，建立健全金融基础设施，使之成为生产力和经济增长的"发动机"，中东地区亟须改革金融体系结构性不足问题，提升金融和经济绩效。

二　中东主要国家金融发展战略

　　从第二次世界大战后纷纷取得政治独立以来，中东国家把经济发展作为国家发展的第一要务，积极探索适合自己国情的发展道路。大致经历了战后初期的经济恢复阶段、国民经济计划建设阶段（伊斯兰社会主义和阿拉伯社会主义的混合经济阶段）、结构调整阶段、经济多元化阶段。借助丰富的石油美元，中东国家经济取得了很大成就，尤其是海湾国家人均收入达到发达国家水平。然而，中东国家并没有实现现代化，经济发展严重依赖石油，深受国际石油价格波动的影响。石油收入的多少直接影响着中东石油输出国经济发展的速度和规模，也影响着其他中东国家的贸易和金融。经济的大起大落令中东领导人产生了忧患意识，他们认识到高油价并非完全是好事，必须加强对巨额石油收入的管理，以石油财富为基础，大力发展多样化经济。近年来，大多数中东国家实行自由经济政策，加快发展私营经济，鼓励发展高科技企业、金融业、采矿业、轻工业和旅游业等非石油产业，单一经济结构有所改观。在全球金融一体化的冲击下，中东金融界进行了金融体制改革，加大了对金融全球化的投入。能否把握机遇、迎接挑战，是一次历史性的严峻考验。在美国次贷危机引发国际金融市场动荡的环境下，中东金融体系由于金融创新不足以及与国际金融体系联系不紧密，所受冲击相对较小。中东产油国和其他亚洲主权财富基金在国际金融危机期间扮演了"救世主"的角色，令世界瞩目。2014年以来，受低油价和流动性紧缩影响，中东国家银行信贷增长乏力，同时不良贷款率上升，对外风险敞口加大。但大多数中东国家银行稳定，对私营部门的信贷保持温和增长。2020年，疫情叠加低油价，中东国家银行流动性压力增大，不良贷款率上升，公共部门债务高，中小企业很难获得银行融资。银行和非银行金融机构，特别是那些资本不充足的金融机构，可能会因面对受影响部门和家庭的风险敞口而面临压力。海合会国家金融环境总体稳定，但银行业对建筑、房地产领域风险较高，长期难以抵消持续低油价的影响。

（一）海合会国家争当地区金融中心

金融业已经成为海合会国家经济构成的重要组成

部分。20世纪70—80年代石油美元繁荣刺激海湾国家金融产业迅速崛起，并向国际化发展。20世纪90年代，中东金融体系在金融全球化的冲击下，也开启了金融自由化进程，金融体系逐步深化。进入21世纪，新一轮石油美元膨胀和相对稳定的政治局面，致使海合会国家金融进入第二轮快速生长周期。不断高涨的石油价格已经使海湾合作委员会（GCC）成员国——巴林、科威特、阿曼、卡塔尔、沙特阿拉伯和阿联酋——成为金融资本的输出地，1990年至2020年以来海合会国家海外资产发展趋势基本与油价波动趋势保持一致。海合会国家金融服务机构正在改变以石油作为唯一财富来源的格局。2008年国际金融危机之后，海合会主权财富基金在国际金融市场频频亮相，向西方金融机构注资，引起了全世界的广泛关注。基于金融强国的发展战略，海合会国家积极推动国际金融中心建设。

1. 阿联酋确立国际金融中心地位

阿联酋位于阿拉伯半岛东南端，地处海湾进入印度洋的海上交通要冲，地理位置优越，石油、天然气资源丰富，政局长期稳定，基础设施发达，社会治安良好，商业环境宽松，经济开放度高，是海湾和中东地区最具投资吸引力的国家。根据2020年《经济自由度指数》，阿联酋经济自由度位列中东地区首位，世界第18位。穆迪等国际评级机构对阿联酋主权信用评级维持在Aa2水平，展望为稳定。石油产业是阿联酋的支柱产业，巨额稳定的石油收入是阿联酋财政收入的主要来源，使其成为海湾地区第二大经济体和世界上最富裕的国家之一。与此同时，为减少对石油产业的依赖，降低石油价格波动对经济增长的影响，实现可持续发展，阿联酋致力于推行经济多元化政策，鼓励创新发展，已逐步成为中东地区的金融、商贸、物流、旅游中心和商品集散地，非石油行业在经济增长中的比重不断提高。2019年阿联酋非石油产业占GDP比重达到80%。

阿联酋金融环境稳定，金融体系比较完善。负责金融监管的部门主要有阿联酋中央银行、阿联酋证券及商品管理局和迪拜金融服务管理局。2014年1月新推出了对货币兑换业务的监管规定，2015年1月开始实施巴塞尔协议Ⅲ，对本地银行的资本充足率和流动性监管等提出了要求。

阿联酋实施开放的货币政策，货币为迪拉姆（AED），可自由兑换，迪拉姆与美元汇率固定。阿联酋外汇不受限制，可自由汇进汇出，但必须符合阿联酋政府的反洗钱规定。一般情况下，外商投资资本和利润回流不受限制；外资银行在将其利润汇出境外前，必须事先获得阿联酋中央银行的同意,并将其纯利润的20%作为税收缴纳给阿联酋政府。外资企业在阿联酋开立外汇账户无特殊规定,但须提交在阿联酋注册公司工商执照、母公司营业执照、财务报表、母公司签字授权人信息等材料。

阿联酋银行业发达,利率水平较低,阿联酋中央银行自2018年4月中旬开始实施新的Eibor系统。阿联酋主要商业银行有:阿布扎比第一银行(First Abu Dhabi Bank)(由阿布扎比国民银行和第一海湾银行合并)、Emirates NBD、阿布扎比商业银行(Abu Dhabi Commercial Bank)、阿联酋联合国民银行(Union National Bank,已在上海设立代表处)等。阿联酋对外资银行的准入门槛较高。自1987年开始,由于阿联酋金融市场容量太小,阿联酋中央银行对外资银行网络拓展和准入极为审慎。阿联酋的外资银行主要是跨国国际银行,例如汇丰、渣打和德意志银行以及中资银行。

阿联酋证券市场呈国际化发展趋势。阿联酋主要有三家证券交易市场,分别是阿布扎比证券交易所(ADX)、迪拜金融市场(DFM)和迪拜纳斯达克(NASDAQ Dubai)。其中,迪拜纳斯达克主要从事国际股权融资、债券、金融衍生品、基金等交易。而ADX和DFM主要负责阿联酋本土企业股票上市交易。阿联酋股市允许外国人投资,但外国人占股比例不得超过

49%。此外，阿联酋还有一个商品期货交易市场，即黄金商品交易市场（DGCX），该市场位于迪拜多种商品交易中心（DMCC），于2005年11月开始运营。

2. 巴林金融立国的发展战略

巴林地处海湾西南部，距沙特阿拉伯东海岸约25公里，距卡塔尔约30公里。巴林政局稳定，法律较为健全，社会治安良好，市场自由开放，金融行业发达，营商环境便利，赢得了"中东香港"的美誉。

从20世纪70年代末起，巴林开始实行自由开放的经济政策，积极推进经济多元化战略，重点发展金融、贸易、旅游和会展等产业，减少对油气产业的过度依赖。1975年，巴林政府结合本国国情，决定将麦纳麦建成地区金融中心，为海湾金融业向欧美国际金融市场进军开辟了道路，也确立了巴林金融立国的发展战略。巴林离岸银行迅猛发展，1981年其业务规模就发展到相当于新加坡亚洲美元市场的60%左右。巴林发展成国际著名离岸银行中心，除了得益于政府采取的优惠政策（取消外资银行储备金制度、免征所得税、不设外汇管制等）、得天独厚的地理位置（位于欧洲和远东金融中心之间，可使两地实现同日交易）、稳定的政局，还得到了海湾各国的一致支持，反映了海湾各国掌控巨额石油美元的强烈愿望。巴林离岸金融市场主要经营短期信贷业务、外汇市场业务、黄金交易、资本市场业务，资金主要来自海湾国家和欧美国家。作为中东地区的小国，海湾各国的政治经济态势对巴林金融中心前途影响深远。巴林目前已成为海湾乃至中东地区重要的金融中心，金融产业占巴林GDP的17%左右。

巴林法定货币为巴林第纳尔（Bahraini Dinar，简称"巴第"），为可自由兑换货币（人民币与巴第不能直接结算）。巴林自2001年以来采取巴第与美元的联系汇率制度，汇率稳定，巴林不实行外汇管制。

巴林较大的银行有：联合国民银行（Ahli United Bank）、巴林科威特银行（Bank of Bahrain and Kuwait）以及巴林全国银行（National Bank of Bahrain）等。此外还有海湾金融公司（Gulf Finance House）、科威特投资银行（Kuweit Finance House）、巴林伊斯兰银行（Bahrain Islamic Bank）以及Ithmaar银行等按伊斯兰教规营运的金融机构。

为促进经济多元化及可持续发展，创造更多高质量就业岗位，巴林鼓励外资投向金融、商业服务、物流、教育、会展、制造、信息技术、地产及旅游等行业。金融行业主要跨国公司有汇丰银行、安联保险、法国巴黎银行、三菱联合金融控股集团、印度工业信贷投资银行、毕马威、安永、罗兰贝格、诺顿罗氏等公司。与中国境内银行合作较多的是以上这些外资银行。

在融资条件方面，外资企业与巴林本地企业享受同等待遇，目前中资企业不可以使用人民币在巴林开展跨境贸易和投资合作。巴林证券交易所（BSE）是巴林唯一的证券交易市场，规模不大。巴林的保险业包括常规保险公司和伊斯兰保险公司，主要经营本国市场和以沙特为主的离岸市场。

3. 科威特打造地区金融中心战略

科威特位于阿拉伯湾（波斯湾）西北岸，与沙特阿拉伯和伊拉克相邻，同伊朗隔海相望。资源丰富，而且政局稳定，法律健全，市场需求较大，主权信用较高，开放水平居该地区前列，对外国投资者有较强的吸引力。

20世纪70年代科威特首都科威特市是对外投资中心，也是海湾另一个重要的金融中心。科威特银行机构，特别是阿拉伯贸易保险公司以及数十家投资公司在吸引贷款者和维持市场方面发挥了重要作用。科威特是海湾地区最早建立证券市场的国家，官方的第纳尔证券市场20世纪60年代初就开始经营，科威特股票交易所（Kuwait Stock Exchange，KSE），设立于1977年，现已成为中东地区国家重要的交易所，在资金配置和推动产业结构调整和升级方面，发挥着举足轻重的作用。

科威特金融体系比较发达，金融业占 GDP 的 8% 左右。2013 年科威特颁布《直接投资促进法》，旨在将科威特发展成为地区金融和商业中心，成为连接欧亚两大洲的桥梁和理想的投资目的地。2015 年 2 月 11 日，科威特国民议会通过了《2015/16—2019/20 年发展规划》，旨在将科威特打造成地区贸易和金融中心。这也是科威特"2025 愿景"战略的重要组成部分。

科威特除中央银行外，共有 11 家银行，主要有科威特国民银行、海湾银行、艾赫里银行、科威特中东银行、布尔干银行和科威特商业银行等。除银行外，科威特允许外国投资者拥有上市公司 100% 的股份；同时，允许非科威特投资者持有和买卖银行的股票。经中央银行批准，非科威特投资者可以持有一家银行 5% 至 49% 的股份。目前，科威特有 12 家外资银行分行，包括花旗银行、汇丰银行、中国工商银行等。

外国公司在科威特进行贸易与项目融资的渠道很多，其中包括世界级的商业银行、投资公司和伊斯兰金融机构。针对客户委托的要求，科威特的银行可以采取不同的融资方法，外国公司可以通过代理来分配与当地银行签订合同的所得。通过当地的代理或者与科威特同行合资的企业，外国公司就可以获得融资。

除此之外，外国公司还可以通过当地一些大的代理机构，如投资公司或银行，以公司的名义在科威特发行第纳尔债券。科威特对外贸易依存度已经达到95%，并将其主权财富基金投资到世界市场。

科威特货币为第纳尔，2017年实行钉住一篮子货币政策，从而减少了汇率波动。科威特无外汇管制，现金与资本账户可在科威特境内的任何一家银行或"钱庄"自由兑换，无条件交易。股票、贷款、利息、利润以及个人存款可不受任何限制地转入转出科威特。投资者也可将其投资的全部或部分转让给其他外国或本地投资者。人民币与科威特第纳尔尚不能直接结算。

4. 卡塔尔积极打造国际金融中心战略

卡塔尔位于阿拉伯湾西海岸中部，政局稳定、社会治安良好、油气资源丰富、法律制度比较健全。油气产业的快速发展带动卡塔尔经济高速增长，使其成为全球经济增速较快和人均国内生产总值名列前茅的国家，也为外国企业赴卡塔尔开展投资合作创造了良好的发展空间。2008年6月，埃米尔哈马德发布第44号埃米尔令，批准卡塔尔2030年国家发展规划。其战略目标是将卡塔尔建成海湾地区教育和医疗中心，最终成为比肩迪拜的金融中心和商业中心，进一步提升卡塔尔的国际地位。

2005年卡塔尔启动卡塔尔金融中心（QFC）计划，其理念更加吸引人。通过对海湾金融服务业、卡塔尔市场技术及前景的研究，卡塔尔金融中心以资产管理、再保险和专属自保保险为主要内容，注重主权财富基金投资，同时鼓励机构和企业参与卡塔尔及海湾地区其他地方正在成长的金融服务市场，建立了符合国际标准的运营环境和法制环境。获得QFC牌照的公司可以拥有完全的所有权以及免税优惠，能以当地货币或外币在卡塔尔境内开展业务，还可到世界各地资本市场进行投资，全部利润可返回国内，等等，迄今为止已吸引众多国际级金融机构和跨国企业入驻。卡塔尔金融业良性发展，是非能源产业中对GDP贡献率最高的产业。卡塔尔货币为可自由兑换货币，实行钉住美元的汇率政策，汇率稳定，通货膨胀率虽有所上升，但仍在可控范围之内。卡塔尔多哈金融中心是中东地区新型金融中心最具实力的竞争者之一。迪拜由于缺乏石油和实体经济支撑，曾在2009年出现迪拜信贷危机；由于相对保守的金融政策，沙特利雅得金融中心对国际金融机构的吸引力尚难与迪拜和多哈竞争。正处于上升期的天然气开发投资则有可能使卡塔尔避免迪拜信贷危机的厄运，2022年世界杯足球赛等多个大型世界赛事所带来的基建需求和2030年国家发展规划，带来强劲的金融服务需求。人口增长迅速、巨额私人财富表明中东地区资产管理需求也很强劲，中东地区动荡不安亦是保险及再保险业务发展的重要机遇。

卡塔尔金融环境稳定。卡塔尔货币为里亚尔，采用钉住美元的固定汇率。在卡塔尔任何银行和金融机构，里亚尔与美元、欧元、英镑等可自由兑换，但与人民币不可直接兑换（个别钱庄除外）。卡塔尔采取自由汇兑制度，不实行外汇管制，投资资金、贷款资金和个人所得可以自由汇出境外。在卡塔尔金融中心，还有70余家外资银行（包括金融机构）进驻，从事除零售以外的金融业务。

卡塔尔证券交易所（QSE）是卡塔尔唯一的证券市场，于1997年建成运营。为鼓励外资，卡塔尔交易所于2005年4月向外国人开放，任何人都可凭身份证通过经纪公司在交易所开户，进行股票交易。但外国人只能参与二级市场买卖，不能进入一级市场，且对外资持股比例加以限制。外国投资者在卡塔尔经营业务时，可以向卡塔尔的商业银行或金融机构申请融资。由于外资多以合资公司的形式投资卡塔尔，且均由卡塔尔本地股东控股，因此融资条件与卡塔尔本地公司无大的差异。

5. 沙特阿拉伯大力发展金融等非石油产业

沙特阿拉伯位于阿拉伯半岛，同约旦、伊拉克、科威特、阿联酋、阿曼、也门等国接壤。沙特是中东地区最大经济体，G20成员国，在中东乃至世界范围内的政治、经济、能源和宗教领域，发挥着举足轻重的作用。自2015年以来，受国际油价大幅下跌影响，沙特经济受到一定冲击。但"2030愿景"推出以来，国内改革力度有所加大，主要推动发展油气和矿业、可再生能源、数字经济、物流和金融等产业，促进经济多元化发展。沙特对投资领域和投资比例的限制逐步减少，通信、交通、银行、证券、保险及零售业已陆续对外国投资者开放。为实现经济的多元化发展，摆脱对石油的过度依赖，沙特政府（沙特投资总局）启动规模庞大的经济城建设计划。目前已对外公布在拉比格、麦地那、吉赞、哈伊勒、塔布克、阿赫萨建设6座经济城。经济城多采取政府策划、支持，国内外财团投资开发的模式。拉比格（RABIGH）经济城又称阿卜杜拉国王经济城（KING ABDULLAH ECO-NOMIC CITY），于2005年11月20日启动，经济城由6个部分组成——现代化的世界级海港、工业区、金融岛、教育区、度假区和居住区。

沙特阿拉伯金融环境稳定，货币名称为里亚尔，采用与美元挂钩的汇率制度，与美元可自由兑换。2016年，人民币与里亚尔实现直接兑换结算。沙特对于居民和非居民的资本收入和付款都没有外汇管制，利润可自由兑换和汇出。

1996年沙特颁布了《银行管理法》，对沙特银行业务进行了规定，该法适用于国有银行和私营银行。2003年6月制定的《资本市场法》，在现行商业银行的架构外，允许投资办银行、金融公司。沙特货币署（沙特央行）负责银行业管理。截至2019年3月末，沙特境内共有30家商业银行，其中包括13家沙特银行和17家外资银行分行。沙特还有5家国有的专业金融机构。因国际评级情况较好，沙特主权及国有企业融资成本较低。

沙特证券交易所（Tadawul）成立于2007年，是中东最大的证券交易所，拥有中东地区最多数量的蓝筹公司。为吸引海外股票购买者和发行人，沙特证交所（Tadawul）于2015年向外国投资者开放，并引入了一系列改革措施。2019年3月沙特股市被纳入富时罗素新兴市场指数，外国资金流量大幅增加。同年6月，沙特放宽了外国战略投资者持有沙特上市公司股票不能超过49%的限制规定，以提高市场效率和吸引力，扩大机构投资基础。10月，沙特采取措施以方便外国发行人进入沙特股票市场，并鼓励对沙特二级市场（NOMU）进行投资。沙特证券交易所与阿布扎比证券交易所（ADX）达成协议，允许在沙特和阿联酋证券市场双重上市。2019年12月沙特阿美在本地上市极大地扩充了沙特证交所市值，12月底的全球市值排名中位列世界交易所规模榜第十名。2020年9月，沙特证券交易所在纳斯达克启动首个衍生品市场。

沙特保险行业遵循伊斯兰"合作保险"的保险理念，保险客户同时也是保险公司的所有者。根据2003年颁布的《合作保险公司管理法》及其实施细则，外国保险公司可以在沙特设立直属分公司，也可以通过"合作保险"的方式进入沙特市场，即60%的股份由外方合伙人持有，30%的股份在股票市场上发行，10%的利润重新分配给保险客户。

（二）马格里布国家金融发展战略

马格里布，非洲西北部一地区，阿拉伯语意为"日落之地"，后逐渐成为摩洛哥、阿尔及利亚和突尼斯三国的代称。1989年2月17日，摩洛哥、突尼斯、阿尔及利亚、利比亚和毛里塔尼亚等地处北非马格里布地区的国家组成阿拉伯马格里布联盟（Union of the Arab Maghreb；Union du Maghreb Arabe，UMA）。摩洛哥力图通过卡萨布兰卡金融城成为北非地区的金融中心。突尼斯金融体系总体稳定，但规模较小。阿尔及利亚金融体系发展滞后，管制严格。利比亚曾长期遭受西方国家制裁，银行业等金融体系发展极其滞后。

解禁后，利比亚着手对其银行业进行改革，减少国家对银行的干预，对部分银行实行私有化，并把银行业作为较早向外国开放的领域之一，加强本地银行与境外银行的合作。2011年利比亚内战爆发以来，经济陷入崩溃，国内银行业和证券业等金融机构无法正常营业。

1. 摩洛哥建立北非金融中心战略

摩洛哥地处非洲西北端，是连接欧洲、中东和非洲的枢纽，具有重要战略位置。摩洛哥开展国际合作有三大突出优势：一是地缘优势，二是稳定优势，三是开放优势。

摩洛哥金融体系在北非地区比较发达，由中央银行、商业银行、投资银行及非银行金融机构组成。中央银行为马格里布银行（Bank Al-Maghrib）。摩洛哥货币为迪拉姆（Dirham），汇率由欧元和美元组成的货币篮子决定，从2018年1月15日起实行渐进式浮动汇率机制，对摩洛哥的竞争力、社会信贷投放和外汇储备产生了积极影响。人民币与迪拉姆尚不可直接兑换。摩洛哥属于外汇管制国家，对外币账户、外汇提取和外汇汇出均有一定限制。

在摩洛哥开展业务的外资银行有三类：一是在摩洛哥设立子行并控股，如巴黎国民银行（BNP Paribas)、法国兴业银行（Société Générale）和法国农业信贷银行分别控股摩洛哥工商银行 BMCI、SGMB 银行和摩洛哥信贷银行；西班牙 Banco Santander 参股摩洛哥 Wafa 银行。二是设立分行，如美国花旗银行（Citibank）和阿拉伯银行在摩洛哥直接设立了分行。三是仅有代表处，如中国金融机构在摩洛哥没有设立分支机构，仅有代表处或工作组，暂不能提供金融服务。

摩洛哥政府允许本国开展伊斯兰金融业务。2017年7月，摩洛哥中央银行——马格里布银行发布消息称，伊斯兰银行已得到摩洛哥乌理玛高等委员会的支持。摩洛哥当局正式批准伊斯兰银行在其境内开展经营活动，包括设立账户等相关基础性业务，以及发放"伊斯兰房贷"和"伊斯兰车贷"（Mourabaha）。但"伊斯兰保险"（Takaful）和"伊斯兰金融债券"（Sukuk）业务仍待摩洛哥当局审批。2017年，摩洛哥第一家伊斯兰银行 Umnia Bank 在拉巴特开业。

卡萨布兰卡证券交易所成立于1929年，是摩洛哥唯一的证券交易市场。2013年11月，摩根史丹利机构将卡萨布兰卡证券交易所从新兴市场调至周边市场指数。从市值构成看，以银行业、保险业和建筑行业为主。在摩洛哥注册的外资公司参与证券交易，与本土公司享受同等待遇。摩洛哥保险市场是继南非之后非洲第二大保险市场，近年来增长良好。

为促进金融业发展，2010年摩洛哥创建卡萨布兰卡金融城，面向金融与非金融机构、跨国公司全球和区域总部、律师事务所和会计事务所等中介服务机构，通过企业管理和优惠政策吸引了上百家跨国企业入驻。2015年，38%的摩洛哥对非投资来源于卡萨布兰卡金融城的企业。根据全球金融中心指数（GFCI），卡萨布兰卡金融城为非洲排名首位的金融中心。卡萨布兰卡金融城（Casablanca Finance City）目前正在积极扩大和世界主要金融中心的合作。继此前与新加坡、伦敦、卢森堡、蒙特利尔、巴黎、阿斯塔纳（努尔苏丹）和釜山签署合作协议后，2018年5月卡萨布兰卡金融城与北京金融街签署一份谅解备忘录，缔结伙伴关系。双方将建立可持续的新型伙伴关系，促进中国与摩洛哥以及非洲之间的投资机会，希望在人民币国际化和金融科技行业发展的背景下，鼓励发展和分享专业知识，共同巩固双方在各自区域内吸引各类金融机构、跨国公司和服务供应商的各项成果。未来，金融城将通过更多优惠政策和机会，力争成为本国和跨国企业对非投资的第一中心。

摩洛哥还成立一系列基金如投资促进基金、哈桑二世基金、能源基金、旅游发展基金等以鼓励和吸引投资。在融资条件上，摩洛哥银行对外资企业给予国民待遇，贷款条件与当地企业相同。

2. 突尼斯金融市场规模较小

突尼斯地处非洲大陆最北端，地理位置独特，西与阿尔及利亚、东南与利比亚为邻，隔海与意大利相望，兼具非洲、阿拉伯和地中海三重属性。突尼斯自然资源比较单一，以石油、磷酸盐为主。突尼斯政局、社会总体稳定，法律健全，社会包容开放，重视教育，受过高等教育的人力资源丰富。2010年以来，突尼斯加快实施私有化和结构性改革，2017年通过新的《投资法》。但受各种因素影响，突尼斯经济尚处于复苏阶段，高赤字、高通胀、高失业明显，外汇短缺。突尼斯新政府外交政策旨在巩固国家经济发展潜力和吸引外资，欧盟是突尼斯最主要的贸易伙伴。

突尼斯金融环境总体稳定。当地货币第纳尔，在经常项目项下可兑换，目前，部分银行支持人民币与突尼斯第纳尔直接兑换。突尼斯无外汇管制，外国投资者的利润（包括商业、生产利润和资本收入）和外汇投资股权的收入可自由汇出，但需满足相关条件。

突尼斯中央银行（BCT）为国家银行。商业银行22家，境内外资银行主要包括北非国际银行、突尼斯联合银行（UTB）、花旗银行等。中国人民银行在突尼斯设有工作组，暂无商业银行在突尼斯设立机构。与中国银行合作较多的当地主要代理银行有突尼斯阿拉伯国际银行（BIAT）、国际联合银行（UIB）、ATTIJA-RI 银行和 AMEN 银行。突尼斯允许外国公司在当地银行申请外汇和第纳尔融资，但实际操作中，外国企业很难在突尼斯获得外汇融资。中国企业均在国内办理各种融资。

突尼斯证券市场始建于 1969 年，由于国家和银行在融资方面的主导地位，证券市场在融资方面发挥的作用十分有限。1994 年，政府颁布金融市场重组法，建立了新的有价证券交易所（BVMT），是突尼斯唯一的证券交易所。突尼斯的相关法律规定，外资公司参与证券交易与本土公司享受同等待遇。但是由于当地金融市场小，融资作用相当有限，到目前为止并没有外资公司在突尼斯上市。根据突尼斯相关法律规定，金融行业为外资限制投资行业，外国投资者投资金融行业须获得相关政府部门批准。

3. 阿尔及利亚金融体系发展相对落后

阿尔及利亚位于非洲西北部。北临地中海，东接突尼斯、利比亚，南与尼日尔、马里和毛里塔尼亚接壤，西与摩洛哥、西撒哈拉交界，海岸线长约 1200 公里，是非洲面积最大的国家，石油、天然气和页岩气资源丰富。近年来，阿尔及利亚政局相对稳定，国家建设进入正轨，2009—2014 年，得益于国际油价飙升，阿尔及利亚经济发展保持较快增长。2014年下半年至今，油价下跌对经济影响较大，政府由于预算紧张，逐渐减少公共领域投资，2016年8月，为实现经济多元化，吸引投资，政府出台新投资促进法，但经济形势依然严峻，结构单一、长期依赖进口，社会矛盾不断加深。

阿尔及利亚金融体系发展相对落后。2008年国际金融危机后，政府加强对金融机构的监督和引导，财政法案中规定了发展金融业的鼓励政策。2016年财政部公布"新经济增长模式"改革文件，主要包含2016—2019年国家预算战略和2016—2030年国家经济多元化和转型战略，旨在改善税收状况、减少财政赤字、促进国内金融市场资源流动，并提出四大改革方案。

阿尔及利亚货币为第纳尔，未实现完全可自由兑换，美元和欧元为主要结算货币。阿尔及利亚央行于2015年11月18日通知各注册银行，称自2015年12月起，中阿贸易将采取人民币结算制度，请各银行做好相应准备。但该政策尚未执行，目前人民币与第纳尔不可直接结算。阿尔及利亚实行外汇管制，仅实现经常项目下部分可兑换，中央银行掌控所有外汇资源。自20世纪90年代外贸垄断体制被废除以来，阿尔及利亚外汇管制已大幅放宽，资金流入流出较以前更为自由。

阿尔及利亚中央银行制定和执行比较严格和审慎的金融政策,并实行外汇管制,阿尔及利亚现有20家授权银行,网点遍布全国。其中外资主要来自美国、阿拉伯国家和欧洲国家,例如美国花旗银行、法国兴业银行和里昂银行、汇丰银行、阿拉伯合作银行以及黎巴嫩银行等。国家在各私立银行和金融机构中均持有一定股份,但无投票权。如银行或金融机构股份发生转让的情况,国家享有优先购买权。银行和金融机构性质发生变化时,首先需要得到阿尔及利亚央行行长批准。93%的银行贷款由国有银行发放。阿尔及利亚国有银行也在逐步实行私有化改造,但国际市场化程度较低,不按商业银行模式运作。

阿尔及利亚证券市场起步较晚(1993年建立),发展滞后,目前仅有6家上市公司。阿尔及利亚证券市场几乎不运行,私有化主要是通过招投标和自行商谈完成,因此,上市等金融市场手段在此过程中无法发挥作用。外国企业可在阿尔及利亚当地银行融资,但须以母公司名义申请,且实际执行操作难度大。

(三)马什雷克国家金融发展战略

马什雷克是指阿拉伯世界的东方地区,包括埃及、约旦、黎巴嫩、叙利亚、伊拉克、也门和巴勒斯坦。

本节主要介绍埃及、黎巴嫩和伊拉克的金融发展战略。约旦银行体系比较发达，但市场规模小。叙利亚内战尚未结束，金融业处于欧美等国制裁之下。也门战火仍未平息，巴勒斯坦建国遥遥无期。

1. 埃及投融资吸引力大幅上升

埃及是世界上重要的文明古国之一，地处亚、欧、非三大洲交界处。埃及银行业历史悠久，主要业务为国内零售业务和为贸易贷款提供融资。1952年革命发生后，埃及银行业和保险公司全部国有化，许多私人金融家族被迫离开埃及。萨达特总统时期开始实行开放政策，允许外国银行与本地银行合作，力图将开罗打造成中东金融中心。此后，埃镑不断贬值，落后的基础设施和通信系统，阻碍了开罗国际业务的发展。1978年9月戴维营协议以后，埃及被逐出阿拉伯联盟，开罗金融中心梦想破灭。20世纪80年代，埃及开启金融自由化改革，但受多种因素影响，埃及经济发展滞后，并在2011年陷入政局动荡、经济困境。2014年6月，塞西当选总统，政局趋于稳定，经济上推出了雄心勃勃的发展蓝图。结合联合国2030年可持续发展议程和非盟2063议程，埃及政府于2016年2月发布了《可持续发展战略（SDS）：埃及2030愿景》，其中经济发展政策的三大核心包括：一是保持国家宏观经济稳定，减少财政赤字；二是改善投资环境，大力吸引外资；三是在各领域实施类似新苏伊士运河项目的大型"国家项目"；致力于发展以私营部门为主导的、具有竞争力的、基于知识库的多样化市场经济。

埃及法定货币为埃镑（L. E.）。2016 年 11 月 4 日，埃及实行浮动汇率，埃镑大幅贬值，经剧烈波动后于 2017 年开始启稳，2019 年后略有升值。由于巨额货物贸易逆差，长期以来埃及外汇相对紧张，在外汇市场紧张的情况下，实际操作中，外资企业以利润名义汇出资金存在一定困难。根据国际货币基金组织与埃及达成的贷款协议，埃及逐步取消多项外汇管制措施，外国企业以利润名义汇出外汇有所松动。实行浮动汇率，提升了埃及投融资吸引力。

2003 年埃及通过第 88 号《埃及统一银行法》，建立了较为成熟的银行监管法律体系，执行巴塞尔协议Ⅲ的监管要求。目前，埃及拥有从业牌照的银行共 40 家，包括国有银行 5 家、私有及合资银行 28 家、国外银行分行 7 家。埃及当地较大的外资银行包括卡塔尔国民银行（QNB）、汇丰银行（HSBC）、商业国际银行（CIB）等。

由于埃及融资条件不佳、成本高，中国公司主要依靠国内金融机构融资，或使用国内金融机构向当地金融机构提供的转贷款。当地业务必须通过本币结算，美元只在有限的行业可以使用。人民币在埃及不能作为结算货币，中资企业尚不能使用人民币在当地开展跨境贸易和投资合作。

埃及资本市场可追溯到19世纪，是中东北非地区历史最悠久的市场之一。亚历山大交易所成立于1888年，开罗交易所（现称埃及交易所）成立于1903年。在20世纪，埃及交易所曾被视为全球第五大交易所。埃及政府于1992年颁布了《资本市场法》。埃及有两大证券交易所：主板为埃及交易所（EGX），中小企业板为Nilex。现行会计准则和交易系统与国际标准接轨。2005年EGX还加入了全球证券市场联盟，是第一个加入该组织的阿拉伯证券市场。

埃及保险业起步较早。1900年，埃及第一家保险公司——国民保险公司（National Insurance Company）成立。此后，历经国有化和私有化浪潮，保险业发展屡受挫折。埃及保险业主要投资于银行存款、政府债券和非政府债券。

埃及中央银行（CBE）和金融监管局（FRA）是埃及主要的金融监管机构。就目前运营情况来看，FRA虽然提高了提供实时信息方面的工作效率，但尚未形成一个针对非银行金融机构的有效监管体系。世界银行发布的《2019营商环境报告》指出，金融市场准入和融资环境是影响埃及营商环境的6个主要问题之一。

2. 黎巴嫩拥有现代化的金融体系

黎巴嫩位于亚非欧三洲要冲，为腓尼基文明的发源地，历史悠久、文化多元、商贸发达、市场开放度较高。黎巴嫩工农业基础薄弱，产品多依赖进口，服务业比较发达，占GDP的70%左右，金融、旅游、商贸、侨汇为"四大支柱"，其中金融业占GDP比例10%左右。黎巴嫩实行以教派分权为基础的独特政治体制，宗教对政治和社会生活具有十分重要的影响，党派关系错综复杂，政府更迭较为频繁。

黎巴嫩首都贝鲁特是中东地区的旅游和商贸中心，有力地促进了金融业发展。黎巴嫩实行自由开放政策，无外汇管制，欢迎外资银行前来投资，金融人才训练有素。20世纪50—60年代埃及、叙利亚、伊拉克实行银行国有化运动，导致国内银行家纷纷寻找出路，贝鲁特成为他们最理想的投资地。20世纪70年代初，随着石油收入猛增，大量石油美元流入贝鲁特寻找投资市场，许多外国商人和银行家也渴望来贝鲁特吸收盈余资金，促使贝鲁特发展成中东地区的国际金融中心。此外，由于历史的原因，黎巴嫩本土人口仅600万人，海外侨民却有1000万人之多，主要分布在中东、非洲和欧美等地，多从事国际贸易和金融服务业。这种侨民贸易不仅为黎巴嫩带来大量的侨汇收入，也为中东地区的转口贸易和金融服务做出了不可磨灭的贡献，为黎巴嫩开拓周边和全球市场发挥着重要作用。由此，黎巴嫩市场极强的辐射效应显而易见。但是，黎巴嫩复杂的民族矛盾，久拖不决的黎以冲突，是贝鲁特金融中心持续繁荣的最大障碍。1975年4月，黎巴嫩爆发内战，1982年6月，以色列军队入侵黎巴嫩，硝烟战火重创贝鲁特金融中心。战后重建时期，政府仍将金融业作为经济主要产业，黎巴嫩是中东地区银行业务的中心，其银行业是中东地区最完善的。黎巴嫩严格执行银行保密制度。黎巴嫩中央银行（BDL）负责管理所有金融机构和货币兑换机构。2001年4月，黎巴嫩通过了第318号法律，要求继续强化银行保密制度，建立可疑交易报告制度，金融机构需获取客户身份信息并保存记录，允许司法机构依法查询银行信息和档案等。在黎巴嫩，商业银行是黎巴嫩金融机构的主要形式，流通的金融资产中，银行资产占80%。黎巴嫩当地主要外资银行有：HSBC中东分行、BNPI银行、法国兴业银行、渣打银行及科威特国民银行等。黎巴嫩当地商业银行均与中国国内银行有国际贸易结算等业务往来，黎巴嫩法兰萨银行成立了中国业务团队（China Desk）。目前，尚无中资银行在黎巴嫩设立分支机构。2015年2月12日，黎巴嫩与中国银联合作在黎巴嫩发行首张银联卡。

黎巴嫩货币为黎巴嫩镑（简称黎镑），为可自由兑换货币。黎巴嫩当地实行双币制，除黎镑外通用美元。近年来，黎镑兑美元呈大幅贬值态势。人民币与黎镑不可直接兑换，中资企业目前不能使用人民币在黎巴嫩开展跨境贸易和投资合作。黎巴嫩无外汇管制，对资金、资本收益、汇款、股份分红的国内流动及跨国流动，没有任何限制。

外国人可在黎巴嫩营业的各家银行开设账户，并可依市场条款获得信贷。在黎巴嫩，虽然金融体系比较健全和规范，但就不同的项目融资尚无明确规定且变化无常。近年来在黎巴嫩重建计划中参与融资的国外机构大约有30家，其中10家主要机构的融资额占所有国外融资的90%以上。这些机构包括世界银行、阿拉伯经济社会发展基金、欧洲投资银行、科威特基金、伊斯兰开发银行，沙特、意大利、法国和有关商业银行。黎巴嫩银监会（BCC）严密监控银行的信贷情况。

贝鲁特证券交易所（BSE）于1920年由法国当时在黎巴嫩的托管当局创建，BSE市场由官方市场、次级市场和柜台交易组成。2017年黎巴嫩启动股票证券交易网络平台，建立证券电子网络交易平台是对贝鲁特证券交易所的补充和完善。贝鲁特股票交易所规模不大，交易量也比较有限，对外资进入有比较严格的规定。

3. 伊拉克确立金融政策目标

伊拉克位于阿拉伯半岛东北部，历史悠久，资源丰富。2003年伊拉克战争爆发，萨达姆政权被推翻，伊拉克政坛逐步呈现什叶、逊尼和库尔德三派分立的政权架构。石油工业是伊拉克经济主要支柱，约占国内生产总值的56%、财政收入的90%和外汇收入的80%。2017年底，伊拉克宣布取得打击"伊斯兰国"战争的胜利，进入战后重建阶段。2018年2月，伊拉克重建大会召开，提出重建资金需求为880亿美元。根据世界银行发布的《2019年营商环境报告》，伊拉克在190个经济实体中排名第171位。安全形势动荡、基础设施落后、法律及金融体系不完善，是伊拉克排名靠后的主要原因。IMF、世界银行等对伊外债规模有监控机制，施加一定限制。考虑到伊拉克石油资源丰富，长期偿债能力相对有所保障，外国公司正积极研究以投融资模式进入伊拉克。2018年5月伊拉克规划部发布2018—2022年国家发展计划，从金融、货币、贸易政策三个方面分层次设定了宏观经济目标，其中金融政策的首要目标是校正公共支出结构，货币政策的首要目标是将通胀率控制在个位数，贸易政策的首要目标是提高本国产品竞争力。

伊拉克货币是第纳尔。从2004年始，伊拉克新货币第纳尔入市流通，当时 1 美元兑换 1500 第纳尔。得益于伊拉克央行外汇储备的增多和阻止第纳尔贬值的金融政策，第纳尔逐渐升值。人民币与第纳尔不可直接兑换。根据伊拉克投资法规定，外国投资者可以通过银行将资本或资金转至伊拉克境内或境外。但这并不意味着货币可以完全自由兑换，在实际操作中尚存在许多未知数。中国企业在经营过程中，曾出现兑换美元困难的情况。

伊拉克的银行体系包括 7 个国有商业银行，最大的两个分别是拉菲丁银行（Al–Rafidain Bank）和拉希德银行，合计资产约占伊拉克银行资产的 96%；还有央行批准的 32 家私人银行和 6 家伊斯兰银行；另有央行批准的 11 家外资银行在伊拉克银行中有战略投资。然而，绝大多数的银行业务仅限于为基本客户提供个人转账或信贷业务。私人银行的主要业务是为中央政府向省级主管部门或个人进行财务转账，而不是提供企业贷款等业务。伊拉克的货币流通仍主要基于现金。伊拉克银行离真正意义上的金融中介还有不小的距离。此外，伊拉克证券市场和保险市场发展也很滞后。

与地区内的其他国家相比，伊拉克的法律体系相对更有利于对伊拉克进行投资或在伊拉克进行贸易的外国公司。外国公司和个人一般可以全资拥有公司

（特定行业限制除外）。2004年，伊拉克同意2家英国银行和1家科威特银行在伊拉克开业，是该国银行业40年来首次对外国银行开放。

伊拉克融资环境欠佳，外国企业在当地融资较为困难。针对伊拉克财政紧张的境况，部分国家对本国企业在伊开展业务提供了融资支持。根据2019年预算案，伊拉克部分重建项目可从世界银行、德国开发银行、日本国际合作银行、英国出口融资机构、科威特经济发展基金、中国出口信用保险公司等获得融资支持。

（四）非阿拉伯国家金融发展战略

中东地区除了阿拉伯国家，还包括土耳其、以色列和伊朗三个非阿拉伯国家。由于以色列不属于伊斯兰国家，且实施西方式的现代化的金融发展战略，故不在本节中阐述。

1. 土耳其金融体系比较发达

土耳其位于亚洲最西部，横跨欧、亚两大洲，东西方文明交融明显，具有独特的区位优势。土耳其政治社会总体稳定，经济基础较好，国内市场较大，法律体系较为健全规范，区域辐射效应明显。土耳其是继"金砖国家"之后又一蓬勃发展的新兴经济体，

G20集团成员。近年来,由于多重因素,土耳其经济增速放缓,外国投资大幅减少。

土耳其货币大幅贬值。土耳其货币为土耳其里拉,实行浮动汇率制度。近年来,里拉对美元和欧元汇率不断走低。2017年1月,1美元可兑换3.87里拉;8月9日,土耳其金融市场发生剧烈震荡,1美元可兑换7.2里拉,里拉汇率跌至历史最低点。此后,里拉汇率有所回升。2020年受新冠肺炎疫情影响,土耳其里拉汇率继续走低。

土耳其无外汇管制。外国投资企业可在土耳其开立外汇账户,在清算或销售得以保证的情况下,可自由转移利润、手续费、版权费和汇回资本。由于近年来外汇负债压力增大,2018年土耳其政府颁布第32号法令,鼓励使用里拉和加大外汇监控的措施,对当地无外汇收入的企业和个人申请外汇贷款做出了限制。

土耳其银行业发达,有50多家银行,主要的本地商业银行有实业银行(IS BANK)、担保银行(Garanti Bankasi)、进出口银行、阿克银行(Akbank)等。主要外资银行有汇丰银行、花旗银行、富通银行(Fortis)等。

土耳其鼓励金融资源的自由流动。外国投资者可从当地市场获得信贷。法律和财会体系有透明度,并且与国际标准一致。但是,土耳其商业贷款的发放依据市场条件。借款成本偏高，投资者多倾向于寻找国际融资。

土耳其证券市场的起源可以追溯到 19 世纪 50 年代，最初主要是债券交易。1985 年伊斯坦布尔证券交易所（ISE）正式挂牌成立，并逐步发展为世界五大证券交易所之一。2013 年 4 月 3 日，伊斯坦布尔交易所（BIST）成立，它整合了 ISE、伊斯坦布尔黄金交易所和土耳其衍生产品交易所，是目前土耳其仅有的证券交易所，运作机制和结构完全符合欧盟标准。2013 年，BIST 与美国纳斯达克证券交易所签署战略联盟协议，相互持股。

土耳其保险业资产规模小，特别是寿险业尚处起步阶段。受伊斯兰教信仰的影响，土耳其人对保险业的接受度不高，历史上的高通胀水平和动荡的金融市场也大大影响了土耳其人的长期储蓄行为。为汽车等高价值固定资产购买商业保险非常普遍。截至 2018 年底，土耳其共有 61 家保险公司。其中，占有较大市场份额的保险公司大多数含有外资成分。

2. 伊朗金融业长期遭受制裁

伊朗人口众多、地理位置优越、资源禀赋优势明显，是中东地区经济大国，具有较大发展潜力。但是，由于伊朗与美国关系交恶以及伊朗核问题，伊朗长期遭受西方国家制裁。2015年7月，伊朗核问题六国（联合国安理会五个常任理事国和德国）同伊朗达成伊核全面协议，协议于2016年1月正式生效。伊核协议的执行使伊朗外部制裁困境部分解除，虽然金融领域制裁并未实质性取消，但仍为伊朗发展注入利好。美国总统特朗普执政以来，美伊关系持续恶化。2018年5月，特朗普政府宣布单方面退出伊核协议，11月美对伊金融、航运等行业实施经济制裁。2019年5月，美国停止伊朗石油出口豁免，对伊金属行业实施制裁。2018年以来，众多欧洲企业纷纷撤出伊朗市场，外国企业由于忌惮美国制裁使其与伊朗经济的往来受到极大影响。伊朗经济社会面临前所未有的压力。

伊朗国家银行（Bank Melli）成立于1928年，是伊朗首家商业银行，拥有4个海外子公司、180个办事处，是伊朗最大的商业银行。伊朗出口银行在欧洲、中东和亚洲的12个国家和地区拥有约3500个办事处，拥有约1000万名客户。伊朗赛帕银行（Bank Sepah），也是伊朗主要的商业银行之一，在全国范围内有众多分行，并在法兰克福、伦敦、巴黎和罗马等欧洲城市设有分支机构。伊朗商业银行（Bank Tejarat）是伊斯兰革命胜利后成立的首家政府持有全部股份的银行，该行目前在全国和世界各地拥有2000多家分支机构，是伊朗首家获ISO9002认证的银行。伊朗出口发展银行成立于1991年7月，是伊朗进出口银行，完全国有，向伊朗出口商和投资者提供金融及其他银行服务，该行于2008年10月被美国实施单边金融制裁。伊朗目前暂无中资及外资银行。

伊朗外汇管制严格。伊朗货币为里亚尔，伊朗《货币银行法》未对里亚尔是否可自由兑换做出具体规定，但一般居民可到当地银行、钱庄进行自由兑换。目前，人民币和里亚尔不可直接兑换。伊朗一直以来执行两种汇率：自由市场汇率和伊朗中央银行每天制定的官方汇率。伊朗政府多年来一直在努力逐步提高官方汇率，并使其接近自由市场汇率，仍差距甚大。近年来，伊朗里亚尔对美元汇价呈现持续贬值的趋势。在伊朗央行的干预下，2019年公开市场上美元曾跌破16万里亚尔支撑位。为实施新的外汇政策，伊朗央行设计并运营了一个名为综合外汇交易系统（NIMA）的在线系统。该系统使出口商、银行、货币交换所和进口商能够在安全和透明的环境下出售和购买外汇。伊朗央行2019年5月宣布本财年将实施一套新的关于出口外汇收入汇回国内的规则。目前，外国居民及投资者不允许在伊朗当地银行开设外汇账户，必须兑换成当地货币方可进行储蓄，外国公民储蓄需获得当地合法居民身份。受以美国为首的金融制裁影响，现阶段美元等外汇无法自由出入，市场对外汇的供应和需求实际上取决于政府的决定，实际操作中伊朗对外汇汇出审批、跨境外汇转账都有限制。2020年以来，受新冠肺炎疫情和美国制裁影响，伊朗里亚尔的美元汇率突破32万里亚尔的最低点。5月份，伊朗进行货币改革，将官方货币里亚尔改为土曼，1土曼相当于10000里亚尔。此次货币改革，一方面旨在遏制国内经济恶化态势，安定民心；另一方面希望突破美国制裁封锁，摆脱美元转嫁危机带来的困境。

由于经济困难，外汇短缺，伊朗当地融资成本很高，再加上金融制裁，外国企业一般难以在当地取得融资。到伊朗从事工程承包项目一般要求承包商提供融资方案，中资企业都是通过国内金融机构获得融资。目前，由于美国限制全球金融机构在伊朗或对伊朗开展任何形式的金融汇兑业务，因此外国公民在伊朗不能使用万事达卡、Visa卡或带有银联标志的信用卡，以现金支付为主。2019年2月1日，德法英三国建立对伊朗贸易结算支持机制（INSTEX），希望通过这一机制绕过美国制裁，与伊朗进行非制裁领域商品交易。3月20日，伊朗注册特别贸易和金融机构（STFI），作为INSTEX的镜像机制，旨在推动落实双方贸易结算。但是，时至今日，该结算机制并未有实质性进展。

伊朗德黑兰证券交易所（TSE）是中东地区一个重要的资本市场，其发展历程一波三折。2015年伊核全面协议签订后，德黑兰证券交易所得到较快发展。尽管美国于 2018 年退出伊核协议，并对伊朗实施更加严厉的经济和金融制裁，伊朗德黑兰股市基准 TSE 指数却连连飙升，钢铁、石油和石化反弹高居榜首，成为全球表现最好的股市之一。然而，这种激增引发了人们的担忧，有人认为，在通货膨胀和资本管制上升、里亚尔大幅贬值的情况下，德黑兰股市可能陷入泡沫之中。2020 年 9 月份以来，伊朗股票市场表现不佳，股指出现大幅下滑，投资者变得更加谨慎，不愿意向金融市场注资。

三 中国与中东国家对外金融合作概况

（一）国际金融合作理论

国际金融合作是指在全球范围内国际经济金融组织与各主权国家之间，以及各主权国家之间实行的金融合作[①]。国际金融合作是伴随着国际贸易和投资不断扩张、防御全球金融动荡的客观需求产生的。

1. 国际金融合作的三个阶段

不同的时代背景，不同的经济金融政策导致不同的国际金融合作内涵。第二次世界大战以来，国际金融合作变迁主要经历了以下三个阶段。

第一阶段：布雷顿森林体系时期。这一时期的国

[①] 连平等：《金砖国家金融合作研究》，中国金融出版社2016年版，第1页。

际金融合作由西方世界主导，主要集中于西方国家的美国、日本、欧洲各国之间。国际货币基金组织和世界银行成为布雷顿森林体系两大体系支柱。这一时期国际金融合作的主要内容包括战后重建、发展融资以及国际收支平衡等，为西方工业化国家的战后重建和飞速增长提供了重要的金融保障。

第二阶段：布雷顿森林体系解体后至2008年国际金融危机爆发前。这一时期，国际经济格局发生深刻变化，全球化加速发展，尤其是新自由主义理论指导下的金融自由化席卷全球。此外，西方发达国家内部，欧盟和日本、韩国等国家的实力大增；东亚、非洲、拉美等一些发展中国家经济体开始走上较高的经济增长期；石油与美元定价机制，引发石油美元回流与国际资本大流动。这一时期，国际金融合作的重要进展体现在联合对银行业进行监管。然而，尽管这一时期国际金融合作取得重要进展，金融自由化所带来的国际金融危机频发、拉美债务危机等，以及对发展中国家经济造成负面影响，也引发了国际社会对传统国际金融机构的质疑，以及对金融自由化弊端的思考。

第三阶段：后金融危机时代。2008年国际金融危机源于美国的次贷危机，且对西方国家经济和金融市场的影响最为严重。国际经济格局发生变化，东升西降，新兴经济体集体崛起，例如G20、金砖国家集团等，要求改革现行国际货币体系和国际金融秩序。与此同时，发达国家经济体力量相对下降，也在进行反思并进行适应性的调整。但是，新兴经济体的发言权和影响力仍然有限。

2. 国际金融合作的主要特点

金融全球化的客观存在催生了国际金融合作，而各国之间积极、有效的国际金融合作反过来又推动了金融全球化的顺利发展。一是宏观政策合作。保持经济健康稳定发展是各国希望实现的经济目标。金融全球化条件下，由于政策和货币外溢效应的存在，各国亟须在金融监管和政策协调方面实施全面的国际合作。二是政府职能延伸。金融自由化与政府适度干预相辅相成。各国政府应在尊重主权平等的基础上开展国际经济和金融合作。三是协调控制金融风险。金融全球化伴随国际金融危机、国际债务危机和国际货币危机，无论是发达国家还是发展中国家，都需要协同合作，共同抵御金融风险。

金融全球化时代需要现代化的国际金融体系，包括国际化的货币体系、国际化的金融市场和国际化的金融机构。这就要求现代金融体系必须是高度市场化的、高科技的、开放的。目前来看，国际金融合作在调整和稳定汇率、抑制通货膨胀和紧缩、促进经济增长以及预防和缓解国际金融危机方面有一定的积极作用。但是，由于各国仍高度关注自身利益，目前的国际金融合作仍存在一定的局限性，例如国际金融合作缺乏长远目标，作用相对有限，有时国际合作还存在不公正性。

（二）中东国家对外金融合作概况

20世纪70年代以来，伴随金融全球化和丰富的石油美元，中东金融业迅速崛起，金融体系逐步深化。海合会国家以其雄厚的石油美元储备活跃在欧洲、美洲和亚洲金融市场，成为世界金融舞台一支不可忽视的金融力量。中东形成以国际化发展为主要特征的独特金融版图，国际金融机构渐成规模，跨境投资日趋活跃，多个较为成熟的国际金融中心先后崛起[①]。中东国家对外金融合作包括金融机构国际化、金融业务国际化以及金融市场国际化。

1. 中东金融机构国际化

由于中东许多国家曾是欧美国家的殖民地或半殖民地，20世纪初期，中东国家商业银行主要由西方控制。因此，中东国家的外资银行主要来自美国、欧洲、

[①] 杨力、梁庆：《中东金融国际化对中国的机遇》，《国际观察》2019年第1期。

日本和中东本地区国家。例如美国花旗银行、英国汇丰银行、英国标准渣打银行、法国巴黎银行和兴业银行、德国德意志银行、日本三菱联合金融控股集团、瑞士信贷、摩根大通银行和阿拉伯银行等。21世纪以来，伴随金融自由化以及中东国家金融改革进程，中东金融体系对外开放程度日益扩大，对外资金融机构的限制日益减少，大多数中东国家都允许外资银行存在。但是，中东国家金融业对外资仍设有不同程度的准入限制，例如，埃及中央银行已多年不发放新的银行牌照，外资银行只能通过收购现有银行进入埃及市场，许多国家对外资银行持股比例做出限制，此外，利比亚、伊朗等国受制于多年制裁或战乱，尚无外资银行分支机构开展经营活动。海合会国家金融监管相对宽松，外资进入壁垒较低，因此，海合会国家的外资银行在数量与规模上占据重要地位，外资银行资产规模占地区银行资产总额的一半左右。

20世纪70年代，中东国家银行开始走联合自强道路，成立跨国合资银行，例如海湾国际银行（GIB）、阿拉伯银行集团（ABC）都是在这样的背景下建立起来的。中东跨国合资银行与西方银行联合经营，例如沙特国际银行、阿拉伯—法国联合银行、阿拉伯国际投资银行等，且中东资本占优势地位。中东地区还成立了区域性银行伊斯兰开发银行（IDB）和阿拉伯货币基金组织。前者为伊斯兰国家的经济合作发展做出了贡献，后者是阿拉伯国家平衡国际收支、促进经济一体化的区域性金融机构。中东国家银行海外分支机构主要分布在英国、法国、美国、瑞士等欧美国家，巴基斯坦、印度、马来西亚等南亚、东南亚国家，以及部分中东国家。

随着石油美元财富的积累，中东产油国，尤其是海湾国家成立了许多对外援助机构，这也是中东金融体系的重要内容。这些机构有一国的和多国的，开展的援助活动有双边的和多边的，对区域经济合作做出重要贡献，也是中东产油国对外投资的基本渠道。中东对外援助对象主要是阿拉伯世界，其次是亚洲、非洲的非阿拉伯国家。凭借着丰富的石油美元，海合会国家积极参与对亚洲及非洲等发展中国家的援助。据阿联酋外交与国际合作部统计，2007—2016年的10年间，阿联酋提供对外援助总额为1300亿迪拉姆（约合353亿美元）。其中对非洲国家提供外援790亿迪拉姆（约合220亿美元），占比60.8%；对亚洲国家提供外援413亿迪拉姆（约合112亿美元），占比31.8%。埃及是阿联酋最大的受援国，10年间累计接受外援达631亿迪拉姆（约合172亿美元）。2017年阿联酋对外援助总额193亿迪拉姆（约合53亿美元），占当年国民收入的比例为1.31%，连续五年位列全球首位。科威特还通过其阿拉伯发展基金会向全世界188个国家和地区提供政府援助。沙特也是海合会国家对外援助的大国。

海合会国家的证券市场对外开放程度较高。例如，2007年1月阿曼马斯喀特证券市场（MSM）加入国际证券委员会，并与道琼斯联合推出了DJ MSM综合指数和DJ MSA琼斯指数。阿曼证券市场对外资开放，外资无须事先得到允许即可投资上市公司股票或投资基金，在资金流动和利润汇出等方面没有限制。沙特证券交易所（TADAWUL）不仅是中东最大的股票市场，也是重要的新兴市场区域平台。沙特资本市场监管局（Capital Market Authority）2015年4月宣布，从2015年6月15日起，向外国企业和投资者开放股票市场（需满足相关条件）。2019年3月18日，沙特股指正式被纳入富时罗素新兴市场指数。沙特允许外国投资者通过合法中介公司在其股票市场购买股票。而在此之前，除了通过共同基金外，只有海湾合作委员会成员国的居民才可以直接投资沙特公司。2014年4月，迪拜杰布·阿里自由区和纳斯达克迪拜共同宣布，自由区内注册企业可申请在纳斯达克迪拜上市筹资，上市股份至少达到总股本的1/4，市值不低于1000万美元。但是，由于起步晚，迪拜金融市场跨国公司上市数量仍不多，与新加坡、中国香港等国家和地区还无法相比。

受伊斯兰教义影响，以及中东国家对本国保险业的保护，中东国家的保险市场对外开放程度较低，仅有少数国家保险业对外资完全开放。例如，外国投资者可以持有埃及保险公司的多数股权；土耳其保险机构大都有外资成分；阿联酋经贸部自2005年初起有条件允许外国保险公司在阿联酋开展保险业务。

2. 中东金融业务国际化

20世纪70年代，受益于国际石油价格上涨，中东银行尤其是海湾银行投向海外的资本盈余大幅增加。海湾银行的国际化业务除了贸易融资，还涉及商业和投资活动，主要是存放在美国和欧洲金融市场上的银行存款、其他流动性债券、欧洲货币辛迪加贷款和对外直接投资，成为国际资本市场上的重要力量。进入21世纪，为扩大国内外市场，中东国家银行的并购活动日益增多。中东资本以国际联合银行、主权财富基金为主体，积极向外拓展业务，跨国并购活动日益增多，投资规模与产业领域不断扩大。2008年国际金融危机后，中东主权财富基金跨境投资步伐加快，投资组合日趋多元化，投资目的地也日益多元化。

海合会国家成为全球重要的资本输出地区，主要流向欧美发达国家的银行存款、金融投资、项目投资及不动产投资。2000年以来，海合会国家的主权财富基金规模飞速增长，75%用于海外投资，主要投资有股票、债券、生产或金融类企业、房地产等。2010年阿布扎比投资局资产6270亿美元，排名全球第一位。但是，2014年以来油价大跌，海合会国家石油出口收入大幅下降，并由此造成巨大的财政压力。为弥补油价下跌带来的财政亏空，2015年以来海湾各国主权财富基金纷纷出售手中的金融资产，主要是股权，撤出股票市场的主要考虑包括股市的风险性较大及利率的上升等。中东主权财富基金为本地区本国市场注资。伊朗、伊拉克都动用主权财富基金来维持财政支出计划，沙特还建立了公共投资基金[1]。与此同时，中东主权财富基金资产仍有所增加，从2014年的28767亿美元（在全球主权财富基金中占比37.1%，下同）增加至2019年2月的32193美元（占比39.5%，2009年占42%）。对外投资战略仍保持平稳，适当减少对欧美金融市场、房地产市场投资，加大对新兴市场尤其是亚洲和非洲的投资，投资领域也更为多元化。可以说，在本轮低油价中，主权财富基金很好地发挥了跨期平滑国家收入，减少国家意外收入波动对经济和财政预算的影响。

---

[1] Your Middle East：Saudi prepares to launch first sovereign wealth fund，http：//www.yourmiddleeast.com/business/saudi – prepares – to – launch – first – sovereign – wealth – fund_ 24190.

表 3-1　　　　　　　中东国家主权财富基金

国家	基金名称	成立时间	2014年资产（亿美元）	2019年资产（亿美元）	2019年全球排名
阿联酋	阿布扎比投资局	1976	7730	6966	3
	穆巴达拉开发公司	2011	663	2289	13
	阿联酋投资局	2007	150	450	25
	迪拜投资公司	2006	700	2393	12
	沙迦资产管理公司		—	8	70
沙特	沙特货币管理局	1952	7572	5156	10
	沙特公共投资基金	2008	53	3200	12
科威特	科威特投资局	1953	5480	5920	4
卡塔尔	卡塔尔投资局	2005	2560	3280	11
伊朗	伊朗国家发展基金	2011	620	910	17
土耳其	土耳其主权基金	2016	—	400	28
阿曼	阿曼国家储备基金	1980	130	221	34
	阿曼投资基金	2006	—	34	51
巴林	巴林 Mumtalakat 控股公司	2006	105	166	37
埃及	埃及基金			119	41
伊拉克	伊拉克发展基金		—	9	67
巴勒斯坦	巴勒斯坦投资基金	2003	8	8	68

资料来源：SWFI, Fund Rankings, http://www.swfinstitute.org/fund-rankings/。

中东地区，尤其是海合会国家也成为外国资本重要的投资场所。2008年，中东地区吸引外国直接投资达到高峰（920亿美元）。此后，受国际金融危机、阿拉伯之春以及全球外国直接投资（FDI）下滑，中东吸引FDI持续下滑，2019年仅为390亿美元。沙特、土耳其、阿联酋和埃及是中东地区FDI流入大国。由于拥有巨额石油美元做后盾，主权信用评级高，海合会国家债券市场发展较快，通过国际债券市场为本国经济发展和项目募集资本。海湾国家的政府和企业在过去几年变得更渴望在海外发债，原因是油价低迷使政府预算出现赤字，并导致当地银行系统流动性收紧。根据2020年7月标普发布的报告显示，受新冠肺炎疫情和油价低迷影响，海湾国家2020年财政赤字将达1800亿美元，需发债融资1000亿美元、提取资产800亿美元予以平衡。此外，由于特殊的地缘战略地位、与欧美国家的历史联系，以及人道主义灾难，一些中东国家是欧盟、美国、英国和海合会国家的重要援助对象，例如巴勒斯坦、约旦、黎巴嫩、伊拉克、埃及、突尼斯和摩洛哥等国，对外国援助依赖较大。

伊斯兰金融自创立以来，就呈全球化发展态势。根据伊斯兰金融服务委员会《2020伊斯兰金融产业报告》，2019年海合会国家伊斯兰金融资产占全球伊斯兰金融资产的比例为45.4%。其中，伊斯兰银行资产占海合会国家伊斯兰资产的比例为77.2%，伊斯兰债券占比为18.5%。伊斯兰基金和伊斯兰保险占比很小。2019年海合会国家发行伊斯兰债券322.4亿美元，占全球伊斯兰债券发行总额的比例为32.7%，主要集中在沙特、科威特、阿联酋、卡塔尔和巴林五国。此外，2019年土耳其发行伊斯兰债券85.8亿美元[①]。预计未来中东国家伊斯兰债券发行规模仍将扩大，主要源于低油价和财政预算扩大带来的融资需求。

3. 中东金融市场国际化

随着中东金融体系的逐渐深化，中东金融市场开放程度也在逐步提高。国际金融中心在一定程度上反映一个国家或地区的金融发展水平。20世纪70年代中东地区的金融中心有黎巴嫩的贝鲁特、巴林的麦纳麦以及科威特。这些金融中心的银行业比较发达，资本市场已经建立，在国际资本流动中发挥着积极作用。当然，中东阿拉伯国家银行业务发展较晚，规模很小，与国际金融中心不可同日而语。石油美元催生中东金融中心崛起，并对英国和亚洲迅速发展的金融中心形成补充。由于东有中国香港、西有英国伦敦这两大国际金融中心，在海湾地区设立金融中心，不仅可以填补东方股市收盘和西方股市开盘之间的空缺，连接英国伦敦、美国纽约、日本东京、中国香港的证券交易所，成为国际24小时资本市场上的一个环节，还可以面向西亚、北非、南亚和中亚的众多国家提供金融服

---

① IFSB, *Islamic Financial Services Industry Stability Report* 2020, July 2020, p.12.

务。20世纪70年代,海湾产油国借助丰富的石油美元,大力发展金融服务业,银行业迅速发展,建立一个地区性的金融中心协调各国资金平衡及运作已是当务之急。此时,贝鲁特金融中心风光不再,中东银行业务重心由黎巴嫩转移到海湾地区,以巴林和科威特最为有名,90年代迪拜国际金融中心成为后起之秀。随着海湾地区金融业的迅速发展,海湾国家金融人才极度缺乏,尤其是精通国际银行业务的精英人才。一些海湾银行花巨资从国外引进人才,经营成本大大提高。为了改变金融人才紧缺局面,1980年巴林政府在其首都麦纳麦开设了一家银行培训中心,为本国和海湾地区的银行从业人员进行培训。自创办以来,培训中心为海湾地区培训了成千上万名银行专业人员,被称为"海湾银行家的摇篮"。

除了传统金融中心巴林和科威特,阿联酋迪拜和阿布扎比、卡塔尔多哈、沙特利雅得等海湾国家及城市都希望能填补欧洲和亚洲之间的金融服务真空,成为地区金融中心。巴林和科威特在20世纪70年代即发展为地区金融中心。巴林是传统的离岸金融中心,从中央银行层面对外开放,吸引地区大银行和国际银行,为中东地区提供包括银团贷款在内的项目融资,近几年更着重发展保险业,与沙特和科威特金融联系密切。受制于国内市场狭小以及能源资源缺乏,巴林金融中心发展势头已落后于迪拜、多哈金融中心。科威特最早在海湾地区建立证券市场，更专注主权基金投资。迪拜和多哈金融中心成立于21世纪，从金融自由区层面对外资金融机构开放，更强调财富管理、中介咨询以及保险和共同基金等金融服务业，为投资贸易提供便利。迪拜金融中心发展已成规模，利用地缘优势和宣传路演，打造全球物流中心、国际金融中心及商业中心，还大力发展伊斯兰金融债券业务[①]。迪拜金融中心涉及6项核心业务，如银行服务、资本市场、资产管理和基金管理、再保险等。作为一个金融自由区，迪拜金融中心建成后向英国伦敦、美国纽约和中国香港等金融中心看齐，具有高透明度和高操作水准以及最先进的监管制度。其优惠政策包括允许入驻企业100%独资和拥有房地产权，实行零税收，资金和利润自由出入等。迪拜国际金融中心致力于创造一个与全球最好的商业和投资环境相媲美的环境。自2004年成立以来，迪拜国际金融中心一直是金融服务行业的先驱，并得到了广泛认可。金融部门是阿联酋经济的基石，迪拜国际金融中心吸引着全球投资，是国际贸易的中心。2019年9月，全球金融中心指数（GFCI）将迪拜列为全球第8大最重要的金融中心，这也是迪

---

① 王端：《谁才是中东的金融中心》，财新网，http://opinion.caixin.com/2012-11-29/100466489.html。

拜在该指数有史以来最高排名（2007年该指数首次推出时，迪拜位列第25位）。受全球经济衰退、新冠肺炎疫情以及地缘政治影响，2020年10月份迪拜国际金融中心在全球金融中心排名下滑至第17位（但在投资管理类排名位于全球第11位）。截至2019年中期，迪拜国际金融中心拥有2289家注册公司，超过24000名专业人士，以及近700家金融相关公司。此外，沙特利雅得也在努力跻身金融城之列。金融中心使国外银行得以介入批发金融业务，如投资银行业务、资产管理、商业保险和私募股权等。GCC国家的短期目标是促进当地金融业稳步发展。从长期来看，建设金融中心对当地市场更为重要，因为它可以提供银行和金融领域以及股票市场需要的各项设施。此外，摩洛哥力图将卡萨布兰卡金融城打造成北非地区的金融中心；土耳其也在努力提升伊斯坦布尔金融中心地位。

表3-2 中东地区金融中心在GFCI排名

中心	国家	GFCI 28	GFCI 27
迪拜	阿联酋	17	12
阿布扎比	阿联酋	33	39
特拉维夫	以色列	45	36
卡萨布兰卡	摩洛哥	46	41
多哈	卡塔尔	56	48

续表

中心	国家	GFCI 28	GFCI 27
伊斯坦布尔	土耳其	64	79
巴林	巴林	83	56
科威特城	科威特	103	91
利雅得	沙特	107	88

资料来源：英国智库 Z/Yen 集团和中国（深圳）综合开发研究院共同发布的 2020 年第 28 期全球金融中心指数（GFCI 28）。

（三）中国对外金融合作概况

改革开放四十多年来，随着中国经济的发展和市场化改革的推进，中国金融已经从改革开放之初的传统、落后的计划性金融，转变成具备现代金融功能特征的市场化金融。与此同时，中国持续多年经济高速增长，经济金融实力不断增强，为中国对外金融战略的实施创造了有利条件。中国银行业等金融机构的股份制改造基本完成，市场化程度不断提高，中国的银行等金融机构越来越多地参与到国际金融的竞争、合作当中，影响力逐渐扩大。金融业是服务于实体经济的，因此中国金融业"走出去"为推动中国资本和商品"走出去"，并进一步服务于中国的能源安全、技术转型升级的战略需求发挥了重要作用。

1. 中国金融业开放历程

(1) 起始阶段 (1979—1993年)

与中国经济改革开放同步,中国金融业的开放始于20世纪70年代末。中国逐渐开始向外国金融机构开放。1979年日本银行在中国设立首家外资银行代表处,随后外资金融机构开始在中国设立营业性分支机构。与此同时,中国证券融资开始国际化,1982年,中国首次在海外发行债券。在保险领域,1992年美国友邦保险公司上海分公司开业,标志着中国保险市场开放的起步。中国在外汇管理体制方面也进行了初步改革,对出口企业实行外汇留成制度。

(2) 迈向市场化阶段 (1994—2001年)

1995年,中国颁布《中外合资投资银行类机构暂行管理办法》,建立了中国第一家中外合资投资银行——中国国际金融有限公司。1996年12月,中国开始允许符合条件的外资机构在上海浦东进行经营人民币业务的试点。1998年亚洲金融危机后,中国金融继续稳步有序开放。截至2001年,获准经营人民币业务的外资银行数量达到31家,中国证券市场成为日益重要的新兴资本市场。在华外资保险机构数量也进一步扩大。1994年,中国外汇体制进行重大改革,实现官方汇率和外汇调剂市场汇率并轨,实行有管理的浮动汇率制度，开始采用银行结售汇制。1996年，中国开始实现人民币经常项目下可兑换。

（3）履行加入世界贸易组织（WTO）承诺阶段（2002—2008年）

根据中国加入WTO的承诺，2006年底保险业和银行业方面的承诺得到全面履行。在中国设立的外资银行营业性机构已达269家，合资证券公司7家，合资基金管理公司23家。而在保险业方面，外资保险公司共44家，除了不得从事法定保险业务和寿险公司外资股比例不超过50%的限制以外，已基本实现对外开放。中国取消了外资银行办理外汇业务的客户限制，并逐步允许在所有地域经营人民币业务。2005年10月中国建设银行股份有限公司在香港联合交易所挂牌上市，标志着中国国有银行开始走向国际资本市场。2002年12月，颁布《合格境外机构投资者境内证券投资管理暂行办法》，即QFII制度，对中国证券市场的规模、结构与投资观念等产生深远影响。2006年2月，允许外国投资者对已完成股权分置改革的上市公司进行战略性投资，商业银行开始引进境外战略投资者。2005年7月，中国开始实行以市场供求为基础、参考一篮子货币进行调节、有管理的浮动汇率制度。2006年9月，穆迪收购中诚信国际评级有限责任公司49%股权，中国信用评级市场大门开启。

(4) 国际化战略加快发展阶段（2008 年至今）

2008 年，国际金融危机席卷全球，对国际金融市场产生巨大影响，尤以西方国家为甚。中国银行业经受住了危机的冲击，表现良好。全球银行业洗牌，为中国商业银行的跨国经营带来良好契机。此外，金融危机影响下，全球金融体系面临巨大压力，中国对外金融战略的侧重点是推动国际金融短期协调，包括与其他经济体签署双边本币互换协议、推进本币结算与贷款业务，减少或抵消欧美金融体系带来的流动性问题，便利贸易与投资。人民币跨境结算是这方面的重要举措。中国还直接参与构建金融安全网，筹建应急外汇储备库用于危机救助，例如中国提出的清迈协议多边化，金砖国家开发银行、亚洲基础设施投资银行等，意在应对短期流动性压力，并为各国提供相互支持，以进一步加强金融稳定。

随着 2013 年"一带一路"倡议正式提出，资金融通作为五通之一，也是"一带一路"建设的重要支撑。伴随中国企业"走出去"步伐加快，中国金融机构国际化经营能力不断提升，围绕"一带一路"的发展尤其迅猛。2013 年 9 月，中国上海自贸区正式挂牌成立。包括中行、浦发、农行、上海银行、建行、交行、工行、招行在内的 8 家银行首批设立自贸区分行，率先推出具有自贸区特色的金融服务。中国银行业协会发出《中国银行业服务"一带一路"倡议书》，引领银行业从优化海外布局、促进产融结合、强化金融合作等方面服务"一带一路"建设。截至 2019 年 8 月，中行、工行、农行、兴业银行等多家中资金融机构签署了《"一带一路"绿色投资原则（GIP）》，在推动经济"走出去"的同时，深化"绿色影响力"。

人民币国际化加速推进，我国先后于 2002 年和 2011 年分别实施合格境外机构投资者（QFII）制度和人民币合格境外机构投资者（RQFII）制度。合格境外投资者制度，是境外投资者投资境内金融市场的主要渠道之一，是提升人民币资本项目可兑换程度的一项重要制度安排，为中国金融市场稳步开放和深化发展发挥了积极作用。根据中国银行发布的《2019 年度人民币国际化白皮书》，衡量人民币作为国际货币职能的评估，主要看其五大功能——结算、计价、融资、投资、价值贮藏。2019 年，人民币在结算、融资、投资这三方面的职能均有明显提升。2019 年全年银行代客人民币跨境收付金额合计 19.67 万亿元，同比增长 24.1%，首付金额创历史新高。人民币跨境收支总体平衡，净流入 3606 亿元。人民币在国际货币基金组织成员国持有储备资产的币种构成中排名第 5，市场份额为 1.95%，较 2016 年人民币刚加入特别提款权（SDR）篮子时提升了 0.88 个百分点；人民币在全球外汇交易中的市场份额为 4.3%，较 2016 年提高了 0.3 个百分点；人民币在主要国际支付货币中排第 5 位，市场份额为 1.76%。截至 2019 年末，人民币清算安排已覆盖 25 个国家和地区。中国建设银行伦敦分行成为亚洲地区以外规模最大的人民币清算行，伦敦还是世界第一大人民币离岸外汇交易中心。国家外汇管理局在坚持有效防范风险前提下，积极主动推进金融市场对外开放，持续推动合格境外投资者制度外汇管理改革，已于 2018 年取消相关汇兑限制。人民银行继续推进人民币汇率市场化改革，人民币汇率弹性增强，有效发挥了汇率调节宏观经济和国际收支自动稳定器的作用。此外，金融科技正在改变整个金融业的生态系统。与外资银行在华业务拓展同步的是，不少银行也在加速金融科技业务的投入以及提升各自的数字化程度。

深化跨境监管交流合作。截至 2019 年末，银保监会已与 83 个国家和地区的金融监管当局签署了 120 份监管合作谅解备忘录（MOU）或监管合作协议，并通过高层和跨部委双多边对话机制加强跨境监管合作。截至 2019 年末，中国人民银行共与 39 个国家和地区的中央银行或货币当局签署双边本币互换协议，覆盖全球主要发达经济体和新兴经济体以及主要离岸人民币市场所在地，总金额超过 3.7 万亿元人民币。

总之，近年来中国金融开放有序推进。2018年博鳌亚洲论坛年会上，我国又宣布一系列重大金融开放举措，金融业对外开放步伐明显加快。中国金融业的制度性、系统性开放，为外资机构提供了全新的发展平台。据统计，2018年以来，银保监会共批准外资银行和保险公司来华设立近100家各类机构，其中包括外资独资或控股的保险公司和理财公司。目前已有8家外资控股证券公司获批，首家外资全资基金公司，首家外资全资期货公司成功落地，外资私募基金公司进入中国已经形成趋势。从短时间获批筹建到顺利开业，充分证明了中国金融开放的效率与速度。2020年上半年，外资控股的贝莱德建信理财有限责任公司，中法合资、中澳合资和中英合资的3家外资保险公司的资产管理公司等陆续设立。美国运通卡的境内机构已获批在中国境内开展银行卡清算业务，标普、惠誉在中国境内设立的独资公司已获准开展信用评级业务。

2. 资金融通是共建"一带一路"的重要支撑

自"一带一路"倡议提出以来，中国与沿线国家的经贸合作取得积极进展。"一带一路"沿线国家涵盖了东南亚、南亚、东亚、中亚、西亚北非、中东欧等地区65个国家，其地域面积占全球1/3以上，人口总量占全球六成以上。根据2019年《共建"一带一路"倡议：

进展、贡献与展望》,"一带一路"倡议提出五年来,国际多边金融机构以及各类商业银行不断探索创新投融资模式,积极拓宽多样化融资渠道,为共建"一带一路"提供稳定、透明、高质量的资金支持。

稳步扩大海外布局和对外开放,金融互联互通不断深化。截至2019年年末,共有11家中资银行在29个"一带一路"沿线国家设立了79家一级分支机构(包括19家子行,47家分行和13家代表处)。中资保险机构也已在中国香港、中国澳门、新加坡、印度尼西亚等地设立营业性机构。与此同时,截至2019年年末,已有来自23个"一带一路"国家的58家银行在华设立了机构(包括7家法人银行、17家外国银行分行和34家代表处)。中国先后与21个沿线国家建立了双边本币互换协议,与8个沿线国家建立了人民币清算机制安排,与35个沿线国家的金融监管当局签署了合作文件。人民币国际支付、投资、交易、储备功能稳步提高,人民币跨境支付系统(CIPS)业务范围已覆盖近40个沿线国家和地区。2019年,中国与"一带一路"沿线国家办理人民币跨境收付金额超过2.73万亿元,占同期人民币跨境收付总额的13.9%,中国—国际货币基金组织联合能力建设中心、"一带一路"财经发展研究中心挂牌成立。

加强金融创新与合作,探索国际新型投融资模式。

2018年，中国在首届"一带一路"高峰论坛上签署了《"一带一路"融资指导原则》。除提供传统信贷支持外，通过跨境人民币融资、投贷联动、发行"一带一路"主题债券、出口信用保险等方式开展"一带一路"项目投融资，加强与外资银行同业及多边国际机构合作，共享收益，共担风险。"一带一路"沿线基础设施建设和产能合作潜力巨大，融资缺口亟待弥补。各国主权基金和投资基金发挥越来越重要的作用。近年来，阿联酋阿布扎比投资局、中国投资有限责任公司等主权财富基金对沿线国家主要新兴经济体投资规模显著增加。丝路基金与欧洲投资基金共同投资的中欧共同投资基金于2018年7月开始实质性运作，投资规模5亿欧元，有力促进了共建"一带一路"倡议与欧洲投资计划相对接。沿线国家不断深化长期稳定、互利共赢的金融合作关系，各类创新金融产品不断推出，大大拓宽了共建"一带一路"的融资渠道。中国不断提高银行间债券市场对外开放程度，截至2018年年底，熊猫债发行规模已达2000亿人民币左右。中国进出口银行面向全球投资者发行20亿人民币"债券通"绿色金融债券，金砖国家新开发银行发行首单30亿人民币绿色金融债，支持绿色丝绸之路建设。证券期货交易所之间的股权、业务和技术合作稳步推进。近年来，国家外汇管理局会同相关部门已先后3次对

QFII 和 RQFII 的相关外汇管理规定进行了修订，2019年 9 月取消了投资额度及试点国家和地区限制。截至 2019 年 8 月末，QFII 投资总额度 3000 亿美元，共计 292 家合格境外机构投资者获批投资额度 1113.76 亿美元；RQFII 制度从中国香港扩大到 21 个国家和地区，投资总额度为 1.99 万亿元人民币，共计 223 家 RQFII 机构获批 6941 亿元人民币投资额度。2015 年，上海证券交易所、德意志交易所集团、中国金融期货交易所共同出资成立中欧国际交易所。上海证券交易所与哈萨克斯坦阿斯塔纳国际金融中心管理局签署合作协议，将共同投资建设阿斯塔纳国际交易所。

积极履行社会责任。践行绿色金融理念，在有效防控风险的前提下提供普惠金融服务，支持"一带一路"国家中小企业和民生发展。融资与融智并举，积极为"一带一路"国家培养本地化专业人才。2018 年中国在首届"一带一路"高峰论坛上签署了《"一带一路"融资指导原则》。根据这一指导原则，各国支持金融资源服务于相关国家和地区的实体经济发展，重点加大对基础设施互联互通、贸易投资、产能合作等领域的融资支持。中国人民银行与世界银行集团下属的国际金融公司、泛美开发银行、非洲开发银行和欧洲复兴开发银行等多边开发机构开展联合融资，截至 2018 年年底已累计投资 100 多个项目，覆盖 70 多个国家和地区。2017年11月，中国—中东欧银联体成立，成员包括中国、匈牙利、捷克、斯洛伐克、克罗地亚等14个国家的金融机构。2018年7月和9月，中国—阿拉伯国家银行联合体、中非金融合作银行联合体成立，建立了中国与阿拉伯国家之间、非洲国家之间的首个多边金融合作机制。

不断提升跨境风险管控能力。加强国别风险评估和限额管理，提升对"一带一路"沿线国家国别风险评估针对性，对国别风险敞口进行监测和预警。强化信贷风险全流程管理，发挥出口信用保险风险缓释作用，为"走出去"项目提供风险保障。共建"一带一路"中，政策性出口信用保险覆盖面广，在支持基础设施、基础产业的建设上发挥了独特作用；商业银行在多元化吸收存款、公司融资、金融产品、贸易代理、信托等方面具有优势。截至2018年年底，中国出口信用保险公司累计支持对沿线国家的出口和投资超过6000亿美元。中国银行、中国工商银行、中国农业银行、中国建设银行等中资银行与沿线国家建立了广泛的代理行关系。德国商业银行与中国工商银行签署合作谅解备忘录，成为首家加入"一带一路"银行合作常态化机制的德国银行。

3. 中国金融业走出去战略

中国对外金融战略的主要目标是促进中国对外贸

易、直接投资等的发展和升级，为中国经济健康可持续发展创造更好的外部环境，同时推动国际金融政策协调，以及国际金融秩序的改革。中国金融业走出去是中国经济持续发展壮大、对外开放以及国际金融环境变化的必然选择。

（1）中国金融业走出去的三个阶段

2000年以前，中国金融业对外直接投资还处于萌芽阶段、投资程度极低。1979年开业的中国银行卢森堡分行是新中国成立之后中国银行业在海外设立的第一家分行。随后，中资银行不但进军发达国家金融市场，也走进发展中国家市场。20世纪80年代，中信实业银行收购中国香港嘉华银行61.38%的股份，开始中国银行业的海外并购。

2001年随着中国加入WTO，中国金融业对外投资进入发展阶段。随着中资企业海外投资和并购活动开始，国有商业银行和金融机构加快走出去步伐，以股权投资为主流形式，此外，证券业也开始对外投资，2006年，QDII制度（即允许境内机构投资于境外证券市场）的实施更加加快了证券业境外投资的步伐。中国主权财富基金在2007年后开始海外投资步伐。

2008年国际金融危机后，中国金融业对外投资进入快速成长阶段，其他金融机构尤其是投资机构也加快了海外布局。2008年国际金融危机，全球金融机构大洗牌，中国金融机构表现良好，从而为中国商业银行跨国经营带来良好契机。中资银行的国际化理念发生变化，逐渐从设立海外分支机构和代理处转向参股、并购海外银行。近年来，其他金融机构不断扩大海外业务，但是，由于巨大的资金实力和积累多年的跨国经验，国有商业银行仍占主体，其中中国银行和中国工商银行的海外分支机构数量最多。跨国并购成为中国金融机构对外直接投资的重要形式。中国证券业的投资仍主要集中在中国香港地区，受多种因素制约，中国保险业走出去相对缓慢。此外，国家开发银行和中国进出口银行两家政策性银行，也通过设立海外代表处和工作组等方式跟随中国企业"走出去"，为海外基础设施建设、工程承包等业务提供金融支持。中国与国际和区域性金融机构的合作逐渐拓宽。截至2020年9月末，国家开发银行在"一带一路"沿线及共建国家累计支持了700多个项目，业务覆盖了105个沿线和共建国家，为高质量共建"一带一路"作出了贡献。

（2）中国金融业对外直接投资迅速增加

中国金融业走出去实际上就是中国金融机构，包括以银行、保险、证券及基金为代表的投资主体所进行的对外投资，也包括在境外设立分支机构及股权投资等。中国金融业对外投资可分为对外直接投资、QDII和RQDII、中国主权财富基金以及其他投资形式。

2019年中国对外直接投资1369.1亿美元，同比下降4.3%，但对外直接投资流量蝉联全球第二（仅次于日本），存量保持全球第三（仅次于美国和荷兰）。2019年，中国对外直接投资涵盖国民经济的18个行业大类，超七成投资流向租赁和商务服务、制造、金融、批发和零售业四大行业。2019年年末，中国对外直接投资存量的八成集中在服务业。2008年国际金融危机爆发，中国金融机构对外直接投资达到140.5亿美元，此后有所下降。2012年以来，金融类对外直接投资稳步上升，2019年金融业对外直接投资从2014年的159.2亿美元上升至199.5亿美元，占中国对外直接投资的14.6%。2019年，中国金融业境内投资者对境外金融类企业的直接投资达186亿美元，占93.2%；中国非金融业境内投资者投向境外金融企业的投资13.5亿美元，占6.8%。中国金融业对外直接投资中，90%投向境外的金融机构，其他投向境外非金融业。

总之，经历四十多年的改革开放，中国成为世界第二大经济体，在国际经济秩序中的话语权日益提升。中国对外金融合作也由参与者向倡导者、领导者转变。1980年中国先后恢复在IMF和世界银行的合法地位，次年接受了世界银行的第一笔贷款。此后，中国与世行、IMF、亚行、欧洲开发银行、国际农发基金等主要开发机构开展了卓有成效的合作，未来，中国的国际金融合作将继续发挥互补优势，推动区域与国际金融合作深化与优化，强化抵御风险的能力，更好地促进经济发展。此外，随着中国经济实力和政治影响力的增强，中国参与国际金融合作的模式正在向主导者和引领者转变。2014年7月，金砖国家开发银行成立，同年10月，中国主导的亚洲基础设施投资银行成立，这不仅是中国推动"一带一路"的政策落地，也是中国开展金融合作从参与者到倡导者、领导者的转变。

（四）中国与中东国家金融合作现状

中国与中东国家经济互补性强，合作潜力巨大，发展前景广阔。双方在"一带一路"倡议与地区国家经济发展战略上加强对接，在能源、经贸、产能、金融、基础设施建设等领域的合作不断向纵深发展，务实合作水平不断提高。20世纪80年代，中东国家金融机构对中国市场表现出兴趣，并开始以贷款和合办投资公司的形式进入中国市场。进入21世纪，中国与中东国家的金融市场均不同程度对外开放，加之双边贸易和投资不断扩大，双方开启金融合作之路。2006年是双方金融合作的里程碑之年，海湾国家主权财富基金高调参股中国银行和中国工商银行。中国金融机构也加快在海合会国家开设分支机构，工商银行多哈分行成为阿拉伯国家首家人民币业务清算行。2012年9月中阿博览会金融合作分会发布《中阿金融发展战略框架倡议》，成为首份中阿民间组织发布的框架性金融文件。"一带一路"倡议提出、亚洲基础设施投资银行（简称亚投行）与丝路基金成立，使中阿金融合作步伐加快。投融资合作机制是中国与中东国家"一带一路"建设的重要保障。无论从双方的发展战略需求出发，还是基于深化经贸合作的要求，建立投融资合作机制都至关重要。伴随"一带一路"倡议的推进，双边金融合作亮点纷呈。

1. 金融组织间的直接联系，包括开设分支机构代表处、签署合作协议、授信贷款、信息共享等

2004年4月，中国银行获得巴林货币局签发的营业执照，中国银行巴林代表处成为第一家在中东地区设立分支机构的中资银行，中国银行还在摩洛哥卡萨布兰卡设立代表处。2008年，中国工商银行中东有限公司（工银中东）在迪拜开业，成为中国在中东设立第一家全资子银行的商业银行。此后，其他国有商业银行也开始在中东国家布局。中国银行、中国农业银行和中国建设银行均在阿联酋设有分行或分支机构。中国国家开发银行在阿联酋、埃及、摩洛哥、土耳其等国设有代表处或工作组，中国进出口银行在摩洛哥

拉巴特设有代表处。中国出口信用保险公司在阿联酋设有工作组。

中国国家开发银行在埃及设立代表处，致力于服务双边经贸和中资企业项目。2018年中国国家开发银行与摩洛哥外贸银行（BMCE）签署合作谅解备忘录，向对方在当地开展投融资业务提供相互支持。中资银行逐步将业务范围拓展至整个中东及北非地区，为中国与中东、北非地区国家的经贸往来客户、跨国企业、金融机构和个人客户提供全方位的优质金融服务。

2008年4月，中国工商银行中东有限公司获得迪拜国际金融中心（DIFC）的批准，10月，中国工商银行中东有限公司正式开业，成为首家在中东地区设立机构的中资银行，标志着中国工商银行在拓展境外金融服务和推进国际化战略方面又向前迈出了一步。截至目前，中国工商银行已在除阿曼、巴林以外的所有海合会国家以及土耳其建立了营业机构，中国工商银行将依托中东区域丰富的市场资源，不断优化网络布局；坚持以商业银行为主，大力发展投资银行、资产管理业务，更进一步提升中国工商银行在中东区域的影响力和竞争力。2020年4月22日，在中国国际进口博览局、中国驻阿联酋大使馆经商处、中国驻沙特大使馆经商处支持下，中国工商银行运用"非接触""云招商"创新方式，成功举办了第三届进博会境外招商中东地区线上推介会。

2015年中国工商银行出资3.16亿美元成功收购土耳其纺织银行（Tekstilbank）75.5%的股份。此后，中国工商银行又通过要约收购，进一步增持土耳其纺织银行股份，并将其更名为工银土耳其。这是中资银行首次在土耳其设立营业性机构。目前，工银土耳其总部位于伊斯坦布尔，拥有44家分行、20家证券业务营业部、1个代表处，持有商业银行、投资银行和资产管理牌照，可为客户提供包括公司银行、中小企业银行、零售银行、证券经纪、投资银行、资产管理等综合性金融服务，并得到了评级机构、同业、客户和市场的广泛认可。

中国国家开发银行与埃及中央银行、埃及国民银行、埃及银行均有良好的合作关系，主要业务包括提供授信等，主要功能是深化中埃金融合作，服务"一带一路"建设和中埃产能合作。截至2018年3月底，国家开发银行在埃及累计承诺约48亿美元的贷款额度。

表3-3　　　　中国商业银行在中东国家布局

中资银行名称	机构数量	涉及中东国家	机构类型
中国银行	4	卡塔尔 土耳其 阿联酋	中国银行卡塔尔金融中心分行 土耳其子行 阿布扎比分行 迪拜分行

续表

中资银行名称	机构数量	涉及中东国家	机构类型
中国工商银行	6	科威特 卡塔尔 阿联酋 沙特 土耳其	科威特分行
			多哈分行
			阿布扎比分行
			迪拜国际金融中心分行 利雅得分行 土耳其子行
中国建设银行	2	阿联酋	迪拜国际金融中心分行 迪拜子行
中国农业银行	2	阿联酋	迪拜国际金融中心分行
			迪拜分行

数据来源：根据各行官网 2020 年 10 月现有分支机构信息整理。

与此同时，随着双边经贸合作日益深化、对中国市场的认可，以及中国金融业持续扩大开放，中东国家一些实力雄厚的银行和其他金融机构也加快了在中国的布局，主要集中在北京和上海，以设立代表处为主。伊朗商业银行于 2003 年 8 月在中国北京设立代表处，阿联酋联合国民银行在上海设立代表处，阿布扎比商业银行公开合股公司在上海设立分行。埃及国民银行（National Bank of Egypt）是埃及最大的商业银行，在上海开设分行。埃及银行（Banque Misr）为第二大商业银行，在广州设有办事处。约旦阿拉伯银行公众有限公司在上海开设分行。2015 年科威特国民银行在上海设立代表处，2017 年升级为科威特国民银行股份有限公司上海分行。2019年4月摩洛哥外贸银行（BMCE）在上海设立的分行正式对外营业。与中国的银行机构合作较紧密的土耳其银行有担保银行和实业银行，这两家银行在上海设有办事处。卡塔尔多哈银行和国民银行、土耳其担保银行和实业银行均在上海设立代表处。沙特国民商业银行在北京设立代表处。此外，中东其他金融机构也开始在中国的布局。2005年，科威特中国投资公司落户北京，寻找投资商机。2009年科威特投资局在北京设立代表处，并于2018年10月将北京代表处升级为科威特（上海）投资办公室，这是继1953年以来科威特投资局在海外成立的第二个投资办公室，旨在进一步拓展科威特投资局在中国及亚太地区投资的广度及深度，此办公室的成立将科威特投资局在该区域的投资业务提升到一个新的高度。此外，将公司由北京迁至上海的举措进一步凸显了科威特对于上海作为国际性金融中心地位的重视。2016年阿联酋阿布扎比投资局在中国香港设立办事处，这是该局首个亚洲办事处，希望通过进驻中国香港，以把握中国庞大的投资机会。2018年5月，阿布扎比国际金融中心首个海外办公室落地北京，将主要围绕"一带一路"展开，面向中国在阿布扎比以及中东、北非地区沿岸的投融资服务，帮助其定位基础设施项目，并提供相应的金融服务。2020年9月8日，中关村科学城管委会与阿联酋阿布扎比国际金融中心金融服务监管局中国办公室签订《国际创新投资与金融服务合作备忘录》，旨在加强两国首都间的科技金融合作，共同探索国际创新投资及金融服务合作，通过双方共建国际合作平台，推动全球国际创新中心和国际金融中心的领先科创机构投资布局中关村科学城，支持中关村科学城科创企业借力阿布扎比开拓中东、北非金融服务和资本市场。

中国与中东金融合作的重要领域还包括金融监管合作。中国银行业监督管理委员会（现与保监会合并为银保监会）和中国证监会与中东国家相关监管机构间的政策性国际监管合作实践不断深化。中国银监会与多个中东国家金融监管当局签署了双边监管合作谅解备忘录（MOU）或协议，中国证监会也与埃及、约旦、土耳其、阿联酋、科威特、以色列、卡塔尔、伊朗等多个国家的证券（期货）监管机构签署了备忘录。除了中央机构间的金融监管政策性合作，中国与中东国家之间也开展了地方性以及机构性的金融监管合作。首先，就地方性监管合作而言，2019年3月，海南省与阿联酋阿布扎比国际金融中心签署了《关于自由贸易港金融开放与监管合作谅解备忘录》，不仅有力推动了海南省作为中国特色自由贸易区的金融开放和建设，也有助于海南自贸区企业在中东地区开展投融资活动，提升地方性企业"走出去"的风险管理能力。2019年3月，阿布扎比国际金融中心在北京设立了独立监管机构，即金融服务监管局，成为了中东北非地区首个经中国人民银行批准进入中国的金融监管机构。截至2019年1月，中国人民银行中国反洗钱监测分析中心与以色列反洗钱与反恐怖融资局、黎巴嫩金融情报机构签署了金融情报交流合作谅解备忘录。

表3-4 中国银保监会与中东国家签署的双边监管合作备忘录和合作协议

国家	机构名称	文件类型	签署时间
土耳其	土耳其银行监理署	MOU	2006年
卡塔尔	卡塔尔金融中心监管局	MOU	2007年
卡塔尔	卡塔尔中央银行	MOU	2014年
阿联酋	迪拜金融服务局	MOU	2007年
阿联酋	阿联酋中央银行	MOU	2011年
阿联酋	阿布扎比金融服务监管局	MOU	2016年
伊朗	伊朗中央银行	EOL	2013年
巴林	巴林中央银行	MOU	2013年
科威特	科威特中央银行	EOL	2015年
摩洛哥	摩洛哥中央银行	MOU	2016年
约旦	约旦央行	MOU	2017年
黎巴嫩	黎巴嫩央行及黎巴嫩银行业监管委员会	MOU	2017年

资料来源：根据中国银保监会官网资料整理。

2. 金融机构参与的投融资合作

金融服务于实体经济。中国与中东国家金融合作同样服务于产能、基础设施、投资等项目合作，这些大型项目往往具有投资成本巨大、周期长、回报率低，但社会和经济影响深远的特点。金融机构参与的投融资合作为这些项目的筹资与开展提供了重要支撑。中国支持建立产能合作金融平台，围绕工业园建设拓展多元化投融资渠道，推进园区服务、企业成长、金融支持三位一体发展。

开发性金融领域合作。中国政策性金融机构，包括国家开发银行（国开行）、中国进出口银行在中国与中东国家投融资合作项目上发挥主导作用。国家开发银行一直强调以开发性金融的长期和大额资金优势，支持"一带一路"沿线阿拉伯国家和地区的重大项目建设。近年来，国家开发银行和中国进出口银行在优惠贷款、商业性贷款等传统贷款的基础上，创新融资模式，例如 2016 年 1 月习近平主席访问阿盟总部时提出中国将联合阿拉伯国家设立 150 亿美元的中东工业化专项贷款，同时向中东国家提供 100 亿美元商业性贷款，用于同地区国家开展产能合作及基础设施建设。在第八届中阿合作论坛部长级会议上，中国宣布设立"以产业振兴带动经济重建专项计划"，提供 200 亿美元贷款额度，同有重建需求的国家加强合作，按照商业化原则推进就业面广、促稳效益好的项目。

例如，2016年国开行向埃及中央银行和国民银行共发放了14.45亿美元贷款，其中对埃及中央银行授信项目也是国开行首次对境外央行开展的大额授信项目。2017年9月，国开行与埃及阿拉伯国际银行（SAIBANK）签订了2.6亿元人民币专项贷款及4000万美元非洲中小企业专项贷款合同，用于支持埃及基础设施、电力能源、通讯交通、农业、中小企业以及中资企业"走出去"等领域项目建设，这也是国开行"一带一路"专项贷款首次落地埃及。国家开发银行支持埃及500千伏主干电网和苏伊士经贸合作区建设，以及支持阿曼财政部综合授信等项目。国家开发银行为中国建筑在埃及的新首都中央商务区项目提供30亿美元的商业贷款。此外，国开行下属中非基金也与北非阿拉伯国家展开项目合作，其发起设立的海外基础设施平台公司与吉布提港口及自贸区管理局签署了吉布提油储及配套基础设施项目合作备忘录。中国进出口银行也致力于对中东国家基础设施项目和中阿产能合作项目提供金融支持。2017年5月，中国进出口银行签署沙特高级轮胎厂项目贷款协议。该项目与近年来沙特所提出的"2030愿景"产业发展方向相符，也是沙特国内首个轮胎制造厂项目，对于填补海湾地区轮胎工业的空白，进一步推动中沙产能合作具有重要的意义。

商业银行贷款。中国商业银行在中东地区开设分支机构，并为走进中东的中资企业以及当地企业进行融资。2009年4月，中国工商银行中东有限公司成功参与迪拜政府6.35亿美元Ijarah融资项目，工行承贷1亿美元，实现了工行在伊斯兰金融方面的突破；同年7月，工银中东成功参与阿布扎比国际石油投资公司14亿美元银团贷款，其中工行承贷1亿美元，进入阿联酋战略性的石油石化行业。11月，中国工商银行中东有限公司成功为阿联酋航空提供空客A380飞机1亿美元融资，这是工行首次采用德国KG模式的飞机融资模式，该交易获得《航空金融》杂志（Air Finance Journal）颁发的2009年度中东地区最佳交易奖。2020年2月13日，工银金融租赁有限公司一架全新的A320neo飞机在图卢兹空客交付中心顺利交付给科威特半岛航空。该飞机是工银租赁和科威特半岛航空合作的四架飞机中的第一架。COVID-19病毒疫情暴发以来，国际航空市场受到不同程度影响，该架飞机的顺利交付，有力地鼓舞了航空从业人员的士气，为客户创造更大价值。该飞机是工银租赁在中东地区交付的第一架A320neo飞机，也是第一次将业务落地于首个与中国签署"一带一路"合作文件的国家科威特。

中国建设银行与埃及交通部签署铁路项目贷款协议，参与迪拜950MW光热光伏电站项目。中国银行与约旦签署阿塔拉特（Attarat）油页岩电站项目贷款协议，与沙特国家银行为中石化与沙特阿美合作"延布炼厂项目"提供融资，牵头土耳其Canakkale大桥项目。

银团贷款。为降低成本、提高竞争力，中资银行之间进行合作，为项目提供银团融资。例如约旦阿塔拉特油页岩电站项目，是约旦近年来最大的外国投资项目，装机容量为554兆瓦，年供电量达37亿千瓦时，可满足约旦10%至15%的用电需求。项目由中国、马来西亚、爱沙尼亚三方合作共同投资，其中广东省粤电集团有限公司与马来西亚杨忠礼电力国际公司分别持股45%，爱沙尼亚能源公司持股10%。中国工商银行、中国银行、中国建设银行和中国进出口银行组成的中资银团为该项目提供16亿美元的融资，以购电合同作为担保，并由中国出口信用保险公司进行承保。中国天辰工程有限公司采用"EPC+F"的方式承包土耳其吉纳集团的卡赞天然碱项目，合同额约11亿美元，中国银团提供项目融资贷款，2019年该项目入选"一带一路"国际合作典型项目。2014年11月23日，中国工商银行迪拜国际金融中心分行参与的工银租赁5亿美元银团贷款协议顺利签约。2017年8月，阿曼苏丹国与中国国家开发银行、工商银行等中资金融机构组成的银团签署了35.5亿美元的五年期无抵押银团贷款。

第三方合作。第三方合作对于深化"一带一路"资金融通具有重要意义。"一带一路"倡议是一个包容开放的倡议,始终坚持"共商、共建、共享"原则,欢迎国际组织、发达国家等各方共同参与,开展第三方合作,实现"1+1+1>3"的共赢效果。在资金融通领域,中国人民银行积极推动第三方合作,取得良好效果。国开行发起建立了中阿银联体工作,加强地区银行合作,并加强与世界银行等国家金融机构的合作。中国人民银行出资20亿美元与非洲开发银行成立了"非洲共同增长基金"(AGTF)。中国工商银行与欧洲复兴开发银行(EBRD)携手,为中东北非多个电站项目及中亚天然气项目提供融资;共同为土耳其最大的不良贷款处置和资产管理公司提供融资支持,促进了当地金融部门创新发展和中小企业融资。截至2019年4月,中国工商银行与渣打银行、土耳其实业银行等十几家银行签署了第三方市场合作文件,累计投资金额达到88亿美元。2017年4月,亚投行与世界银行签署谅解备忘录,加强两个机构之间的合作与知识共享。丝路基金也与世界银行、国际货币基金组织等机构开展合作,进行联合投融资。中投公司与法国储蓄银行建立20亿欧元联合投资基金,主要用于在非洲和亚洲的投资。例如埃及阿斯旺本班工业园太阳能电站项目，中资企业特变电工新能源与西班牙电力开发商Acciona和迪拜Swicorp公司在埃及联合投资了3个50MW光伏项目，其中特变电工占股24%，同时特变电工承担了3个项目的工程总承包（EPC）工作。该项目融资部分由世界银行国际金融公司（IFC）、工商银行、亚投行等国际银团联合提供，埃及也成为第一个得到亚投行融资支持的非洲国家。中国企业承建的安卡拉—伊斯坦布尔高速铁路二期工程项目总金额12.7亿美元，由中国进出口银行提供7.2亿美元贷款，欧洲开发银行提供其余5.5亿美元贷款。

中国主导的多边金融机构——亚洲基础设施投资银行。亚洲基础设施投资银行（Asian Infrastructure Investment Bank，简称亚投行，AIIB）是一个政府间性质的亚洲区域多边开发机构。重点支持基础设施建设，成立宗旨是促进亚洲区域建设互联互通化和经济一体化的进程，并且加强中国及其他亚洲国家和地区的合作，是首个由中国倡议设立的多边金融机构，总部设在北京。科威特、阿曼、卡塔尔是中东地区最早加入亚投行、成为亚投行创始成员国、认可欢迎"一带一路"的国家的代表。截至2020年10月，中东地区许多国家宣布加入亚投行（如表3-5所示），其中10个为创始成员国。

表 3-5　　　　亚投行中东地区成员国

（截至 2020 年 10 月 1 日）

国家	正式加入时间	是否正式意向创始成员国
科威特	2014 年 10 月 24 日	是
阿曼	2014 年 10 月 24 日	是
卡塔尔	2014 年 10 月 24 日	是
沙特	2015 年 1 月 13 日	是
约旦	2015 年 2 月 7 日	是
阿联酋	2015 年 4 月 3 日	是
伊朗	2015 年 4 月 3 日	是
土耳其	2015 年 4 月 10 日	是
埃及	2015 年 4 月 14 日	是
以色列	2015 年 4 月 15 日	是
巴林	2017 年 5 月 13 日	否
苏丹	2017 年 3 月 23 日	否
黎巴嫩	2018 年 6 月 26 日	否
阿尔及利亚	2018 年 12 月 19 日	否
摩洛哥	2018 年 12 月 19 日	否
利比亚	2018 年 12 月 19 日	否
突尼斯	2019 年 4 月 22 日	否

资料来源：根据亚洲基础设施投资银行网站整理。

亚洲基础设施投资银行在阿拉伯地区共开展了 6 个基础设施项目，其中 3 个位于埃及、3 个位于阿曼，其中北非的阿拉伯国家埃及也是亚投行在亚洲以外的唯一投资国。亚投行对阿拉伯国家的投资项目涉及水利、能源、交通和电信等领域，有利于当地绿色发展和能源多元化。例如，对埃及"可持续农村卫生服务方案"提供3亿美元贷款，为埃及和阿曼太阳能光伏发电提供贷款，等等。2018年6月亚投行批准发放6亿美元贷款用于土耳其图兹湖天然气地下储库扩建项目，该项目是亚投行在土耳其的首个项目，由世界银行共同出资。同年9月，亚投行为土耳其"可持续能源和基础设施贷款设施"项目提供2亿美元贷款。

政策性保险。中国政策性信用保险为"一带一路"合作项目提供信用保障，有助于化解项目风险，在共建"一带一路"中发挥了重要的融资与投资拉动作用。中国政策性保险机构——中国出口信用保险公司是由国家出资设立、支持中国对外经济贸易发展与合作、具有独立法人地位的国有政策性保险公司，是中国唯一承办政策性出口信用保险业务的金融机构，提供包括政治风险、商业风险在内的信用风险保障产品。支持企业对外投资合作的保险产品包括短期出口信用保险、中长期出口信用保险、海外投资保险和融资担保等，对因投资所在国（地区）发生的国有化征收、汇兑限制、战争及政治暴乱、违约等政治风险造成的经济损失提供风险保障。中国出口信用保险公司先后与沙特、科威特、埃及、摩洛哥等国金融管理机构、大型企业签署框架合作协议、合作备忘录，赔付项目基本覆盖阿拉伯国家。此外，截至2019年年底，中国平安、中国太平、中国人保等商业性保险公司承保了12个中东投资项目，承保金额达36.5亿美元。

表3-6 中国出口信用保险公司在中东国家承保的相关项目

国家	项目名称	保险金额	保险项目类别
阿曼	阿曼萨拉拉电站和海水淡化项目	5.61亿美元	中长期出口信用保险
沙特阿拉伯	沙特校车项目	1.42亿美元	中长期出口信用保险
埃及	埃及玻纤生产线项目	1.87亿美元	海外投资保险
毛里塔尼亚	毛里塔尼亚远洋渔业基地投资项目	0.95亿美元	海外投资保险
阿尔及利亚	出口阿尔及利亚汽车项目	1.87亿美元	短期出口信用保险
阿联酋	阿联酋人工岛油气开采成套设备项目	2.39亿美元	出口特险

资料来源：根据中国出口信用保险公司官网资料整理。

3. 资本市场合作，包括签署合作协议、参股金融机构、发行债券等

由于对中国经济稳定发展的期望和预期交易本身带来的丰厚利润。2006年，中资银行海外首次公开募股（IPO）大潮中，中东主权财富基金认购热情高涨。在2006年10月，科威特投资局出资7.2亿美元买入

中国工商银行股票，成为工行 IPO 中最大的认购者；卡塔尔投资局则认购了 2.06 亿美元。2010 年，中国农业银行 IPO，卡塔尔投资局和科威特投资局分别认购 28 亿美元和 8 亿美元，卡塔尔投资局成为最大的基石投资者。此外，沙特王子阿尔瓦德也曾在中国银行、中国工商银行和招商银行的 IPO 中斥资认购，成为最受瞩目的个人投资者。

在债券领域，2014 年 9 月，中国农业银行迪拜分行在迪拜纳斯达克发行 10 亿元人民币酋长债，2015 年 6 月 8 日中国工商银行在迪拜纳斯达克举行 5 亿美元债券挂牌交易仪式，7 月 1 日中国银行阿布扎比分行在迪拜纳斯达克证券市场上发行了 20 亿元"一带一路"人民币债券，约有 25%—30% 的投资者来自中东地区，所募集的资金用于支持"一带一路"相关国家的跨国贸易和基础设施建设。工行成为在迪拜纳斯达克发行债券最多的海外发行人。截至 2019 年 10 月 20 日，中国工商银行在迪拜纳斯达克的上市债券总价值增至 45.6 亿美元，成为交易所常规上市债券最高的海外发行人。2020 年 8 月 18 日，中国建设银行在纳斯达克迪拜交易发行包括 3 年期 5 亿美元和 5 年期 7 亿美元的绿色债券，募集资金拟专项用于国际社会普遍认可的清洁交通类项目。这是继 2016 年挂牌的 6 亿美元债券和 2017 年挂牌的 12 亿美元债券后，中国建设银行在纳斯达克迪拜挂牌的又一笔美元债券。至此，中国建设银行在纳斯达克迪拜累计挂牌债券金额已达到30亿美元。2017年10月，宁夏银川通联资本投资运营有限公司海外发行的3亿美元外债在香港交易所及纳斯达克迪拜交易所成功完成上市。报道称，这是银川通联资本公司首次在中东地区发行并挂牌交易此类债券，也是宁夏首单地方国企发行的境外债券。此外，2018年2月，阿联酋沙迦酋长国在中国银行间债券市场成功发行20亿元人民币债券，这是中东国家首次在中国发行主权熊猫债。2019年阿布扎比第一银行共发行了9期离岸人民币债券，发行量超过25亿元人民币。

4. 成立投资公司和共同基金

由于中国广阔的市场及良好的发展潜力，中东投资公司开始向东看。2010年科威特投资局在北京设立首家代表处，为总部挖掘投资机遇。2016年阿联酋阿布扎比投资局在中国香港设立办事处，这是该局首个亚洲办事处，希望通过进驻中国香港，以把握中国庞大的投资机会。

中国分别与阿联酋和卡塔尔设立100亿美元的共同投资基金，主要投资中东传统能源、基础设施建设和高端制造业等。中国正在探索有关金融证券机构同中东主权财富基金和管理机构合作，建立立足海湾、辐射中东北非、吸收全球投资者的国际交易平台，争取实现要素自由流动、资源高效配置、市场深度融合，服务"一带一路"建设。科威特是向中国提供政府优惠贷款最多的阿拉伯国家，截至2019年1月，科威特阿拉伯经济发展基金会累计向中国提供优惠贷款39项，总值约合10.1亿美元，这些贷款用于基础设施、教育、卫生、农业和环保等各领域，有力支持了中国中西部地区经济和社会发展。

2014年12月，中国外汇储备、中国投资有限责任公司、中国进出口银行、国家开发银行共同出资设立的丝路基金，是依照《中华人民共和国公司法》，按照市场化、国际化、专业化原则设立的中长期开发投资基金，重点是在"一带一路"发展进程中寻找投资机会并提供相应的投融资服务。迪拜哈翔清洁燃煤电站是丝路基金在中东首单项目，哈翔电站是中东地区首座清洁燃煤电站，也是"一带一路"框架下中东地区首个中资企业参与投资、建设和运营的电站项目。项目的施工100%由中国施工单位完成，70%的融资来自中国，哈电国际和丝路基金参与投资，项目方案70%由中方设计，采购的设备70%是中国制造。2019年2月，丝路基金与沙特国际电力和水务公司签署了共同投资中东新能源平台项目的谅解备忘录。该项目有助于深化"一带一路"基础设施和新能源建设合作，推进清洁能源得到开发和利用，携手打造"绿色丝绸之路"。

5. 在中东地区推进人民币国际化

目前，中东国家贸易结算中人民币结算占比很小，但增长很快。伴随更多的中东国家参与到"一带一路"建设中，人民币在中东国家的认可度逐渐提高。2014 年 4 月，中国工商银行多哈分行成为多哈人民币业务清算行，这是中东首家人民币清算中心，将压缩人民币交易时间和交易成本，为中国与中东地区企业和金融机构使用人民币进行跨境交易带来更多优质便捷的服务，进一步促进双边贸易、投资的自由化和便利化。2016 年 12 月，中国农业银行迪拜分行成为阿联酋人民币业务清算行，有力地推动了中东国家的人民币国际化。随着人民币国际化进程加快，人民币在阿联酋乃至海湾地区影响力不断扩大，除进驻当地的中资银行外，汇丰、渣打等国际银行以及一些当地银行，例如阿联酋的 Emirates NBD 等银行也可以为客户开立人民币账户，提供存款、结算等服务。当地开办人民币业务的渠道不断增多，中资企业可通过银行以人民币进行结算和投资。自 2016 年建立人民币清算安排后，阿联酋人民币业务保持健康发展，人民币业务品种日益丰富。2019 年，阿联酋人民币业务清算行共实现人民币清算量530.2亿元，同比增长8.1%。但是，当地客户对人民币的认知度和接受度有限，跨国贸易投资大多仍以美元结算为主，中东油气大国能源出口主要使用美元结算，这些国家的外汇储备也主要以美元为货币单位，人民币还不是完全自由兑换货币，因此，成立清算中心更多的是为中国合作伙伴提高金融和投资操作层面上的便利，更有利于加强双方的合作关系，进而占据更大的市场份额。

为加强双边金融合作、促进两国贸易和投资、共同维护地区金融稳定，中国与阿联酋、卡塔尔、埃及、摩洛哥以及土耳其等国签署了双边本币互换协议。其中，中国与阿联酋、卡塔尔以及土耳其多次续签互换协议，并扩大互换规模。中国还开展人民币对外币直接交易。2016年中国人民银行先后授权中国外汇交易中心开始在银行间外汇市场开展人民币对阿联酋迪拉姆、沙特里亚尔和土耳其里拉直接交易。2018年，国家开发银行与埃及中央银行和商业银行分别签署了70亿和2.6亿元人民币贷款合同，埃及商业银行开始开展人民币结算业务。2020年以来，土耳其政府大力倡导使用本币开展双边贸易结算，希望土耳其和中国继续推动双边国际贸易中的本币结算。人民币在中东国家支付货币中所占的份额稳步增加，提高了投融资便利，进而促进了双方经贸合作。

表 3-7　　中国与中东国家签署双边本币互换协议一览表（截至 2020 年 8 月）

国别	互换规模	有效期	签署时间
阿联酋	350 亿元人民币/200 亿阿联酋迪拉姆	3 年	2012
	350 亿元人民币/200 亿阿联酋迪拉姆		2015
卡塔尔	350 亿元人民币/208 亿元里亚尔	3 年	2014
	350 亿元人民币/208 亿元里亚尔		2017
摩洛哥	100 亿人民币/150 亿迪拉姆	3 年	2016
埃及	180 亿人民币/470 亿埃及镑	3 年	2016
土耳其	100 亿元人民币/30 亿土耳其里拉	3 年	2012
	120 亿元人民币/50 亿土耳其里拉		2015
	120 亿元人民币/109 亿土耳其里拉		2019

资料来源：根据中国人民银行网站整理。

中东国家资本看好中国股市的投资机会，加大对中国资本市场投资。阿布扎比投资局和卡塔尔控股有限公司分别获得 35 亿美元和 10 亿美元的 QFII 额度。科威特已经累计获得中国证券市场合格境外机构投资者 20 亿美元的投资额度，并在银行间债券市场获得 10 亿美元投资额度，成为中国人民币公开市场最大投资者。阿联酋主权财富基金阿布扎比投资局和阿联酋最大的银行阿布扎比第一银行（FAB）已开展中国银行间债券市场投资。与此同时，RQFII 试点扩大到中东地区，有利于双方企业和金融机构使用人民币进行跨境交易，促进双边贸易、投资便利化。中国给予卡塔尔"人民币合格境外机构投资者"资格，初期投资额度为 300 亿元人民币。这是中国首次向中东国家开放国内资本市场。中国人民银行还批准阿联酋成为人民币合格境外机构投资者（RQFII）试点国家，投资额度为 500 亿元人民币。

表 3-8　获得 QFII 及 RQFII 的中东投资机构

机构名称	注册地	托管银行	批准日期	QFII 累计批准额度（亿美元）	RQFII 累计批准额度（亿人民币）
阿布扎比投资局	阿联酋	汇丰银行	2019.6	35	500
科威特政府投资局	科威特	中国工商银行	2019.8	20	—
卡塔尔控股有限责任公司	卡塔尔	中国农业银行	2012.11	10	300

资料来源：根据中国人民银行网站数据整理。

6. 伊斯兰金融合作

伊斯兰金融的全球化发展体现了金融全球化的发展趋势。非穆斯林国家的伊斯兰金融实践表明伊斯兰金融中心争夺战日趋激烈。伊斯兰金融出现"向东看"趋势，中国亦有发展伊斯兰金融的构想。然而，由于中国大陆受诸多条件制约以及伊斯兰金融自身原因，中国设立伊斯兰金融中心动力不足，为时尚早。中东拥有独特的伊斯兰金融体系，希望参与"一带一路"建设。基础设施建设非常适合伊斯兰债券融资模式，发行伊斯兰债券有利于拓宽融资模式、防范投融资风险。2009年4月，中国工商银行中东有限公司成功参与迪拜政府6.35亿美元Ijarah融资项目，工行承贷1亿美元，实现了工行在伊斯兰金融方面的突破。2014年4月2日，中国工商银行迪拜国际金融中心分行成功投资伊斯兰金融债券2200万美元，成为首家投资海湾地区伊斯兰债券（sukuk）的中资银行。中国香港作为传统的亚洲金融中心，正在努力成为亚洲的伊斯兰金融中心。中国香港政府发展伊斯兰金融决心已定，目前最关键的是修订税制法规、提供公平竞争环境以适用于伊斯兰金融。从业务性质上看，香港伊斯兰金融着重在伊斯兰证券上，包括伊斯兰债券、伊斯兰基金、伊斯兰指数股票型基金（ETF）等。然而，相比较传统债券，伊斯兰债券需要承担更多的税务责任。为此，2013年7月，中国香港立法会通过了条例草案，以修订《税务条例》及《印花税》，为伊斯兰债券交易提供税务宽免。2014年1月10日，中国香港《2014年借款（修订）条例草案》刊宪，进一步推动香港伊斯兰债券市场的发展。政府发行伊斯兰债券集资，有助于促进香港金融市场的产品和服务多元化发展，巩固国际金融中心和资产管理中心地位。2014、2015和2017年，香港3次在迪拜纳斯达克发行美元伊斯兰债券，每次规模为10亿美元，中东等国家和地区的国际投资者纷纷认购。

7. 金融科技领域合作

除了传统金融领域，中国与中东国家还开启金融科技领域合作。2015年5月，迪拜米拉斯集团与阿里巴巴宣布共同投资建设迪拜数据中心项目，2015年10月双方合资公司Yvolv宣告成立，并同时推出了其第一款移动应用Yvo，现已投入运营。2016年11月，阿里云在迪拜的数据中心开始启用。支付宝、微信支付也与阿联酋Mashreq、Noor银行以及迪拜旅游局等机构签署合作协议，在阿联酋推广其在线支付工具应用。2018年4月，支付宝与阿联酋马什拉克银行结成合作伙伴关系，共同推进支付宝数字钱包在阿联酋商户网店的支付应用。宁夏正以中阿跨境电商产业园为平台，着力构建中阿区域性的互联网金融中心。2018年7月习近平主席访问阿联酋期间，中阿双方同意发展跨境电商。2020年9月8日，中关村科学城管委会与阿联酋阿布扎比国际金融中心金融服务监管局中国办公室签订《国际创新投资与金融服务合作备忘录》，旨在加强两国首都间的科技金融合作，共同探索国际创新投资及金融服务合作，通过双方共建国际合作平台，推动全球国际创新中心和国际金融中心的领先科创机构投资布局中关村科学城，支持中关村科学城科创企业借力阿布扎比开拓中东、北非金融服务和资本市场。

8. 建立金融合作机制

中阿银行也通过创新机制合作，拓展共建"一带一路"金融合作的领域和方式。中国与阿拉伯国家的金融合作始于20世纪80年代。然而，在当时缺少重大利好及体制机制约束的大背景下，中阿金融合作步伐相对缓慢，投融资机制比较单一。2008年国际金融危机，以及"一带一路"倡议提出、亚投行与丝路基金的成立，成为中国与阿拉伯国家深化金融合作的重要契机。2017年首届"一带一路"国际合作高峰论坛发布"'一带一路'融资指导原则"，旨在深化"一带一路"融资合作，推动建设长期、稳定、可持续、风险可控的多元化投融资体系。2020年4月，沙特内阁同意核准"一带一路"融资指导原则。

中阿合作论坛自2004年成立以来，已经成为中阿合作的重要平台和合作机制。2018年第八届中阿合作论坛部长级会议，双方通过了《中国和阿拉伯国家合作共建"一带一路"行动宣言》《北京宣言》和《论坛2018年至2020年行动执行计划》。为推动金融同业交流合作，2018年中阿合作论坛第八届部长级会议上，中国国家开发银行联合阿拉伯国家的银行成立"中国—阿拉伯国家银行联合体"，中方配备30亿美元金融合作专项贷款，在发展过程中以"平等相待、相互尊重、互利公平、共同发展"为原则,并以"自主经营、独立决策、风险自担"为前提,采用开放式、俱乐部式的运作模式。中国—阿拉伯国家银行联合体,是中国与阿拉伯国家之间首个多边金融合作机制,阿方主要成员包括埃及国民银行、黎巴嫩法兰萨银行、摩洛哥外贸银行和阿联酋阿布扎比第一银行。中阿银行联合体的目的是在中阿合作论坛框架下,加强"一带一路"倡议与阿拉伯国家发展愿景有效对接,建立长期稳定、互利共赢的金融合作关系,为中阿重大项目提供融资支持和金融服务,提升中阿务实合作水平。2019年9月第四届中阿博览会期间,中国国家开发银行联合埃及国民银行、黎巴嫩法兰萨银行、摩洛哥外贸银行和阿布扎比第一银行在银川召开中阿银联体首届高官会议。中阿银行间机制合作还包括由中国工商银行牵头成立的"一带一路"银行间常态化合作机制(BRBR 机制)。该机制成立于 2017 年 5 月首届"一带一路"国际合作高峰论坛期间,坚持开放、包容、互利和商业原则,成为"一带一路"项目融资和金融市场合作等领域的重要合作平台,截至 2019 年 4 月工商银行与机制其他成员合作共落地了 55 个"一带一路"项目,各方承贷总金额达 427 亿美元[①]。2019 年工商

---

① "'一带一路'银行家圆桌会议在京成功举办",中国工商银行官网,http://www.icbc.com.cn/icbc/gxk_1/12854.htm。

银行发行了首支绿色"一带一路"银行间常态化机制绿色债券（简称"BRBR债"），此次发行的22家承销商中就包括阿布扎比第一银行和阿联酋国民银行。2020年，中阿双方以视频连线方式举办第九届中阿合作论坛部长级会议，通过了《中国和阿拉伯国家团结抗击新冠肺炎疫情联合声明》《安曼宣言》《论坛2020年至2022年行动执行计划》3份成果文件。双方强调愿积极深入开展共建"一带一路"，以促进能源、基础设施、物流服务、金融、工业及矿产合作、贸易和投资便利化等重要领域以及核能、航天、卫星和新能源等高新技术领域的合作，加强中阿产能合作。双方表示要继续加强金融领域的战略合作关系，在有关法律法规框架内，加强双方金融业互利合作和有关监管部门合作，支持双方符合条件的金融机构互设分支机构，继续加强在亚洲基础设施投资银行框架下的合作。中国国家开发银行和阿拉伯银行联合会努力协调多家阿拉伯国家银行，加强于2018年宣布成立的中国—阿拉伯国家银行联合体工作。充分发挥包括中国进出口银行在内的政策性金融机构的优势，为双方投资、工程承包以及进出口贸易活动提供政策性金融支持和便利。拓宽货币金融合作，扩大本币在贸易和投资中的使用，加强金融同业交流合作，提供金融支持。

四 中国与中东国家金融合作面临的新机遇

(一) 全球经济金融协调发展的需要

自2020年年初以来,新冠肺炎疫情深度影响全球经济和金融市场。全球经济陷入深度、同步衰退,当前各国正遭受疫情重创,且疫情使全球产业链供应链加快调整。IMF2019年10月《世界经济展望》报告指出,2020年全球经济复苏好于预期,但仍将陷入深度衰退。随着第二波疫情来临,许多国家放慢了经济重启进程,一些国家再度实施部分封锁措施以保护易感人群。中国的经济复苏快于预期,但全球经济活动恢复到疫情前水平依然道阻且长,而且极易出现倒退。考虑到疫情冲击的全球性以及各国面临的共同挑战,风险管控难度加大,需要企业、金融机构以及有关各方加强国际合作,通过多种形式的合作发挥各国特长,促进经济复苏和社会稳定，创新风险管控手段，实现合作共赢，共同发展。除了医疗设备和知识方面的援助，国际社会还应通过债务减免、赠款和优惠融资等形式，为一些新兴市场和发展中经济体（特别是低收入国家）提供支持。除了应对疫情，各国还需通过多边合作化解贸易和科技领域的矛盾，并消除基于规则的多边贸易体系的现有缺陷（如在服务贸易领域）。各国还必须共同行动起来，履行它们在缓解气候变化方面做出的承诺。

面对风云变幻的世界，"危"与"机"并存，凸显构建人类命运共同体的必要性，经济复苏更加需要全球经济金融政策协调合作。疫情冲击下，经济全球化面临更加严峻的挑战。但从长远来看，全人类对和平与发展的诉求并未改变，经济全球化的形式和内涵虽然会发生新的变化，但仍将是世界不可阻止的时代潮流。疫情中加速成长的新业态、新模式、新产业将会塑造经济全球化的新增长点，在重构中建立更加紧密的联系。疫情告诫我们，各国是休戚与共的命运共同体，重大危机面前没有谁能够独善其身，团结合作是应对挑战的必然选择。

自中国改革开放以来，尤其是加入世贸组织以来，中国逐步扩大市场准入，营商环境持续改善，对外开放进入全方位、多层次、宽领域的新阶段，中国在世界银行营商环境排名升至第31位。中国是全球经贸体系的重要参与者,成为全球最大的货物贸易国、第二大直接投资目的地和投资来源国,是全球价值链的重要枢纽和制造中心。中国在"引进来"和"走出去"、发挥两个市场作用、利用好两种资源方面,获得了长足发展,成为双向投资大国。中国经济连续多年对世界经济增长的贡献率超过30%。尽管近年来,中国经济增速有所放缓,经济发展进入新常态,但仍是全球经济最强劲的发动机。中国的防疫和控制取得了巨大成就,中国经济率先稳步复苏。

国际金融危机后,中国一直在倡导改革国际金融体系,得到俄罗斯、巴西等发展中国家和新兴经济体的支持。中国与包括中东国家在内的发展中国家的金融合作,将在国际货币金融体系改革中起到重要作用,更为中国金融"走出去"创造更为有利的宏观环境。

(二) 中国金融开放进入新时代

中国经济改革的四十年,也是中国金融改革的四十年。回顾中国金融改革四十年的历程,可以归纳为4个领域的发展:一是银行业深化改革;二是非银行金融机构得到推动;三是资本市场得到发展;四是不断扩大金融对外开放和金融合作。在中国对外金融开放进程中，人民币汇率形成机制以互联互通模式开创国内金融市场国家化新局面、自贸区试点加大金融服务业对外开放力度以及贸易机制与投资交易职能为重点，稳步推进人民币国际化。中国金融业对外开放，不仅为金融业改革发展提供了重要参照，更为引进资本、人才、管理等提供了难得机会。此外，金融业对外开放为中国经济持续健康发展提供了有力支持。改革开放以来，随着金融业开放的大门越开越大，外资金融机构办理中资企业境外发债、上市、并购、融资等业务，弥补了原有金融服务的短板。外资金融机构的示范作用和鲶鱼效应，为中国金融业探索符合市场基本规律和中国国情的金融服务体系贡献了重要力量。中国金融体系逐渐迈向现代化，保持健康、稳定、开放的发展模式。

2018年以来，中国对外开放步伐加快，主动有序扩大金融业高水平开放，金融业对外开放迈入新时代，一系列重大开放措施落地开花结果。2020年中国发布的《外商投资准入特别管理措施（负面清单）（2020年版）》中，金融业准入的负面清单已经正式清零，并推动资本市场高水平双向对外开放。从逐步放开外资持股比例上限开始，国际信用评级机构和外资银行卡清算机构获准在中国开展业务；从债券通上线试运行到沪伦通的顺利启动；从扩大陆股通额度到取消合格境外机构投资者和人民币合格境外机构投资者的限额；从将 A 股纳入富时罗素、纳入明晟因子提高到 20%，到将中国债券纳入彭博巴克莱全球综合指数和摩根大通旗舰指数，截至 2020 年上半年，国际机构配置人民币资产已达 7.18 万亿元，其中配置股票和债券规模年均增长近 20%，人民币国际化再进一步。2020 年上半年，人民币跨境收付金额 12.7 万亿元，同比增长了 36%，人民币成为全球第五大支付货币。人民币外汇储备的份额再创新高，比 2016 年加入特别提款权 SDR 篮子的时候增长了近一倍。一个更加开放的金融体系正在加速成型，为构建新发展格局和经济高质量发展提供有力支撑，并为全球经济和金融体系构建及合作开创新局面。

打造金融开放新高地。中国金融市场开放将是面向全球投资者的高水平开放。国家外汇管理局副局长陆磊表示，在金融体系开放方面，应推动以人民币国际化为核心的高水平开放，促进金融大国向金融强国转变。通过金融开放向全球提供"公共品"，以更高水平的开放，在建设以人民币金融资产为基础的国际金融中心的同时，促进中国与全球金融市场的互联互通和培育全球交易市场。当前，人民币国际化呈现良好势头，在全球超低利率的环境下，中国保持了常态化的货币政策，人民币主权资产的收益率明显高于其他发达经济体，对于长线投资者和外汇储备管理者颇具吸引力，也为人民币资产进一步国际化提供了良机。值得注意的是，在国务院于 2020 年 9 月印发的《中国（北京）（湖南）（安徽）自由贸易试验区总体方案》和《中国（浙江）自由贸易试验区扩展区域方案》中，均包含了金融开放的内容。《中国（北京）自由贸易试验区总体方案》提到"开展本外币一体化试点""推动重点行业跨境人民币业务和外汇业务便利化"等。在业内人士看来，一系列创新开放举措意味着自贸试验区将成为中国金融业新一轮开放的高地。

国际金融中心（International Finance Center）是指聚集了大量金融机构和相关服务产业，全面集中地开展国际资本借贷、债券发行、外汇交易、保险等金融服务业的城市或地区；是能够提供最便捷的国际融资服务、最有效的国际支付清算系统、最活跃的国际金融交易场所的城市或地区。金融市场齐全、服务业高度密集、对周边地区甚至全球具有辐射影响力是国际金融中心的基本特征。国际金融中心的地位是建立在多种资源条件的综合优势之上的，是在一系列供给和需求因素的推动下形成和巩固的。2020 年 "第 28 期全球金融中心指数报告（GFCI 28）"，2020 年中国大陆地区的金融中心上榜城市已扩容至 12 个，其中上海、北京、深圳位居顶级金融中心前十位。上海国际金融中心排名从第21位跃升到第3位只用了五年时间。报告认定"上海已建成具有全球影响力的国际金融中心"。1992年中国提出了上海国际金融中心建设的战略任务，经过近三十年建设发展，成绩显著。2020年，上海基本建成与中国经济实力以及人民币国际地位相适应的国际金融中心，并进入"3.0版"。1992年，中国第一家外资保险公司——美国友邦保险在浦东注册开业。自此之后，作为中国对外开放的窗口，浦东诞生了中国金融开放创新史上的众多"第一"。仅2019年以来，一批重量级金融业扩大开放项目陆续落地浦东。除安联（中国）保险控股有限公司外，中国首家新设外资控股合资证券公司——摩根大通证券在浦东注册成立；新一轮金融业扩大开放后的首批新设立的外资再保险机构——大韩再保险上海分公司已确定落户浦东；首家外资控股的公募基金管理公司——上投摩根基金公司落户浦东，首家外资控股的理财公司汇华理财落户于上海市临港新片区，首家外资独资期货公司——摩根大通期货落户上海。截至2019年年末，上海持牌金融机构总数达1646家，比2009年年末增加660家，外资金融机构占比近三分之一。未来的上海金融业，将力争成为中国金融业高水平开放的一面旗帜。一方面，继续完善金融要素市场的国际化建设，不断提升金融市场定价权、话语权和全球影响力；另一方面，大力推进金融机构、金融产品和服务的国际化水平，持续提升全球金融资源配置能力。

金融业对外开放步伐明显加快，成为中国对外开放的新亮点。而在金融业开放利好政策的推动下，外资金融机构加速在华布局，境外资金加大投资人民币资产。下一步，自贸区将成为金融业对外开放的重要试验场所，一些金融开放政策有望先行先试，金融领域负面清单也将逐步缩短。与此同时，有效防范金融开放风险的监管政策和促进双向开放的举措也将同步落地。境外投资者投资境内金融市场更为便利，也体现出中国进一步扩大对外开放的坚定决心。2020年以来，一系列密集的金融业开放举措陆续落地实施，外资金融机构和境外投资者进入中国市场的步伐和节奏也更加积极。中国作为全球第二大股票及债券市场，正在逐步融入全球金融体系的主流。仅仅在2020年，就有一系列重大国际金融论坛召开，例如第十二届陆家嘴论坛于2020年6月18—19日在上海召开。本届论坛的主题为"上海国际金融中心2020：新起点、新使命、新愿景"，设有七场全体大会和一场浦江夜话，议题涵盖全球经济金融形势、人民币国际化、科创板等当前经济、金融领域的热点问题。7月中国金融四十人论坛（CF40）召开 12 周年年会暨专题研讨会，主题是"疫情冲击：变局中开新局"。9 月北京国际服务贸易交易会"2020 中国国际金融年度论坛"，以"新金融、新开放、新发展"为主题。10 月 23 日在北京举行的 2020 金融街论坛年会，以"全球大变局下的金融合作与变革"为主题。同天举行的第二届外滩金融峰会以"危与机：新格局下的新金融与新经济"为主题。这一系列金融论坛聚焦于中国金融参与全球金融治理、深度对话和良性互动的机制，促进中国及世界经济复苏，为疫情下的全球金融治理贡献中国方案和中国智慧。

（三）中东国家的需求

1. 中东国家经济发展战略需求

2008 年国际金融危机后，中东国家加快了"向东看"的步伐。2011 年之后，中东国家进入长期的政治、经济和社会转型期。进入转型期的中东国家采取多种举措，致力于政治稳定、经济多元化改革和结构调整。中东国家制定了雄心勃勃的发展战略，推出大规模的建设规划。例如埃及的"经济振兴计划"，沙特、阿联酋、卡塔尔和巴林等国的"2030 愿景"，约旦的"2025 愿景"，阿尔及利亚的"2035 愿景"，科威特的"2035 国家愿景",摩洛哥的"科技城建设计划",伊拉克的 157 个重建重点计划和土耳其的"中间走廊倡议"等。中国与中东国家是"一带一路"天然伙伴。从对外交往的角度来看,中国构建开放共赢的新型国际关系与中东国家的对外开放战略高度契合,中东国家"向东看"与中国"向西开放"相向而行,双方取向和目标一致。从经济结构的角度来看,双方产业结构不同,互补性强,中国是中东国家的第二大贸易伙伴,中东是中国的主要能源供应地和第七大贸易伙伴,这是双方构建"一带一路"的良好基础,有利于打造能源安全共同体。从国家发展道路的角度来看,中东国家自主探索符合本国国情的发展道路,致力于推进工业化进程,努力扩大就业和改善民生,从而提出一系列的发展战略和规划,这与中国应对经济新常态、全面深化改革、促进产业转型升级,与从"中国制造"转向"中国创造"的中国梦不谋而合。此举既能帮助中东国家促进就业、实现工业化和经济多元化,还有利于中国优势产能转移、产业合作和扩大海外工程承包市场。从全球化的角度来看,中国与中东国家实现互联互通、合作共赢将产生广泛的辐射效应,成为打通欧亚非经济大动脉、促进区域经济一体化的关键一环。

2. 中东国家融资缺口巨大，通过进一步开放吸引投资

中东国家，无论是石油进口国还是产油国，都在进行经济改革和经济多元化，都面临不同程度的融资难问题。因此，各国采取多种措施，改善投资环境以吸引外资。中东地区许多国家对外来投资提出了优惠政策，埃及、阿联酋和突尼斯等国出台了新的投资法，大部分国家与中国签订了双边投资保护协定。沙特、伊朗、科威特、伊拉克、卡塔尔等国对外来投资持开放态度，相应工业区内投资享受更优惠的地区性投资优惠待遇。阿联酋和巴林等国对外资实行国民待遇，在专属工业区内可享受更优惠的待遇。阿曼、埃及等在经济特区、工业园区、经济欠发达地区或高失业率地区对外商投资给予政策优惠。近年来，西方发达国家经济复苏缓慢，全球对外投资持续下滑。与此形成对比的是，中国已经成为双向投资大国。2019年，中国企业在"一带一路"沿线对56个国家非金融类直接投资150.4亿美元，同比下降3.84%，占同期总额的13.6%，主要投向新加坡、越南、老挝、印度尼西亚、巴基斯坦、泰国、马来西亚、阿联酋、柬埔寨和哈萨克斯坦等国家。

3. 中东国家经济发展陷入困境亟需国际合作

国际货币基金组织 2020 年 10 月的《世界经济展望报告》指出，国际社会应采取财政、货币和金融政策来支持受疫情冲击的经济体。国际合作对于缓解 COVID-19 冲击的强度、修复其对全球经济和金融体系的破坏至关重要。对于面临卫生和外部融资冲击这一双重危机的国家，例如依赖外部融资的国家或正应对大宗商品价格暴跌的大宗商品出口国来说，可能需要额外的双边或多边援助，以确保在艰难的调整过程中卫生支出得以保全。

近年来，受多种不利因素影响，中东经济已连续三年呈下降趋势。2020 年，全球经济衰退、低油价、贸易摩擦、地区不稳定以及新冠肺炎疫情给中东经济带来严重冲击。中东受到疫情和低油价的双重打击，这对陷入困境的中东经济来说可谓雪上加霜，中东国家普遍面临高通胀、高失业率、高外债率的难题，即便是石油资源丰富的海合会国家也面临严重的财政赤字，经济多元化赖以实施的大规模支出难以为继。后疫情时代，解决经济发展困境成为中东各国政府的首要任务，凭一国之力很难完成，迫切需要加大区域合作和国际合作。

（四）中国与中东国家"一带一路"合作需要

党的十九大报告指出，"要以'一带一路'建设为重点，坚持引进来和走出去并重，遵循共商共建共享原则，加强创新能力开放合作，形成陆海内外联动、东西双向互济的开放格局"。"一带一路"倡议为中国金融业对外开放创造契机的同时，金融业的开放格局也有力推动了"一带一路"的发展。2020年10月23日在北京举办的2020金融街论坛年会"金融开放新格局下的'一带一路'建设"平行论坛上，与会专家认为，疫情冲击之下，"一带一路"建设更需要金融业的对外开放为其提供全方位支持。中国金融机构走出去，会通过促进出口、扩大市场规模进而促进对外直接投资，会通过产能合作和基础设施互联互通，推动"一带一路"建设。研究发现，中资银行在海外设立的分支机构越多，越有利于中国企业走出去。

中国与中东国家是"一带一路"的天然伙伴。中国与中东国家"一带一路"合作成绩可圈可点，前景广阔。通过顶层设计，促进政策联通；包容互鉴，促进民心相通；双边贸易发展迅速，互补性强；油气+

合作模式继续深化；基础设施互联互通不断升温；产能合作稳步推进；金融合作亮点纷呈；三大高新领域不断突破。"一带一路"有力地促进了中国与中东国家的政策沟通、设施联通、贸易畅通、资金融通和民心相通，有效地带动了产能合作，丰富了"1+2+3"合作的内涵。投融资合作机制是中国与中东国家"一带一路"建设的重要保障。无论从双方的发展战略需求，还是深化经贸合作的要求，建立投融资合作机制都至关重要。目前，中资金融机构在中国与中东"一带一路"资金融通中起主要作用，但中资机构不能光唱独角戏，一定要搭平台、拉队伍，要带动地区国家和第三方的金融机构一起"大合唱"，特别是大型基础设施项目应尽量尝试以国际银团贷款的模式进行，吸引国际多边开发机构和外资银行一起参与。中国已同大多数中东国家建立了经贸联委会机制，签署了双边政府经济、贸易和技术合作协定。中国是 11 个中东国家（10 个阿拉伯国家以及伊朗）的最大贸易伙伴国和重要的原油出口市场。中东是中国主要原油进口来源地，能源贸易在中国与中东产油国的贸易比例中占比很大。2019 年，中国从中东地区进口原油约占中国进口原油总量的 45% 左右。

表 4-1　　　　2019 年中国与中东国家经贸额

中国与中东国家	贸易额（亿美元）	对外直接投资流量（亿美元）	新签工程承包合同额（亿美元）
中国与阿拉伯	2664	14.2	325
中国与土耳其	208.1	0.13	13.4
中国与伊朗	230.3	-0.59	31.15（2019 年）

资料来源：根据中华人民共和国商务部数据整理。

五　中国与中东国家金融合作面临的新挑战

近年来，民粹主义和逆全球化思潮有所抬头，保护主义和单边主义对世界经济的负面影响逐步显现；霸权主义对世界和平与发展构成威胁，世界进入动荡变革期。当今世界正面临百年未有之大变局。中国作为世界第二大经济体、最大的发展中国家，必然深受影响。新冠肺炎疫情冲击、中美经贸摩擦、中东地缘政治风险加大等多种因素都没有影响中国金融体系主动加速对外开放的战略进程，也没有影响中国金融走出去的战略步伐。中国与中东国家的金融合作，在面临和适应这些新变化面前，有着自己的优势和机遇，但也面临许多挑战和风险。

（一）国际战略形势发生深刻变化

1. 国际经济陷入深度衰退、面临不确定性

自2018年年底以来，全球经济增长陷入同步放缓的境地，经济增长乏力的原因主要包括以下几点：不断增加的贸易壁垒（尤其是中美经贸摩擦），不断升高的贸易和地缘政治相关的不确定性，一些新兴经济体面临宏观经济压力，发达经济体则存在生产增长率缓慢和人口老龄化等结构性因素。2020年，突如其来的新冠肺炎疫情导致全球经济衰退，几乎所有经济体都出现萎缩。联合国贸易和发展会议预测，2020年全球FDI投资额将减少30%—40%，受冲击最大的行业是能源和基础材料行业。世界贸易组织报告预测，2020年全球贸易将缩水13%—32%，亚洲和北美受影响最为严重[1]。全球经济陷入大衰退导致全球需求下降，世界贸易、生产和供应链中断，超过2008年国际金融危机时的水平。根据IMF 2020年10月《世界经济展望》报告，2020年下半年以来，全球经济有所恢复。但随着疫情继续扩散，许多国家放慢了经济重启进程，一些国家再度实施部分封锁措施以保护易感人

---

[1] WTO, "Trade set to plunge as COVID-19 pandemic upends global economy", April 2020.

群。中国的经济复苏快于预期,但全球经济活动能否恢复到疫情前水平仍然面临极大的不确定性。

表5-1　　　　中东与世界各地区经济指标

地区	GDP增长率预测			比2020年6月预测值差异	
	2019	2020	2021	2020	2021
世界	2.8	-4.4	5.2	0.8	-0.2
欧元区	1.3	-8.3	5.2	1.9	-0.8
美国	2.2	-4.3	3.1	3.7	-1.4
日本	0.7	-5.3	2.3	0.5	-0.1
英国	1.5	-9.8	5.9	0.4	-0.4
新兴市场和发展中经济体	3.7	-3.3	6	-0.2	0.2
中国	6.1	1.9	8.2	0.9	0
印度	4.2	-10.3	8.8	-5.8	2.8
撒哈拉以南非洲	3.2	-3	3.1	0.2	-0.3
中东	0.8	-5	3.2	0.7	-0.5

资料来源:IMF,*World Economic Outlook*,October 2020,p.9。

近年来,全球经济低迷为中国金融业引进来和走出去提供了金融合作机会,但全球金融市场存在的市场风险、汇率风险和信用风险加大了中国金融机构的国际合作难度。国际金融危机之后,中国金融机构走出去的投资带动效应受到国际金融风险增加的负面影响而有所减弱。

2. 国际金融市场脆弱性上升

近年来，全球金融市场一直受到贸易紧张局势起起伏伏和人们对全球经济前景日益担忧的冲击。尽管国际金融市场相对宽松，脆弱性仍继续积累，全球经济增长和金融稳定的中期风险继续偏向下行。新兴和前沿市场经济体对外部融资的依赖性增强，一些国家债务高企。2020年新冠肺炎疫情和油价大跌，给全球金融市场带来前所未有的打击。风险资产价格暴跌，融资成本飙升，尤其是在高风险的信贷市场。新兴市场和前沿市场经历了有史以来最为剧烈的证券投资流动逆转。根据IMF2020年10月的《全球金融稳定报告》，短期全球金融稳定风险暂且得到控制，构筑了通往经济复苏的桥梁。然而，脆弱性正在上升，这使部分国家金融稳定问题有所加剧。企业为应对现金流短缺举借了更多债务，当局则为支持经济扩大了财政赤字，这使非金融企业部门和主权部门的脆弱性有所上升。随着危机发展，企业的流动性压力可能演变为偿付问题，这在经济复苏被推迟的情况下尤其如此。与可进入资本市场融资的大企业相比，中小企业更为脆弱。未来债务违约的情况将最终取决于当局维持政策支持的程度以及经济复苏的速度，而各部门和各国的复苏情况预计将有所不同。虽然全球银行体系资本金充足，但处于尾部的银行比较脆弱，一些国家的银行体系仍可能面临资本金的总体短缺。一些新兴和前沿市场经济体面临融资挑战，这可能使部分经济体陷入债务困境或引发金融不稳定，需要国际社会提供支持。随着经济重启，宽松的政策对于稳定复苏势头、实现可持续复苏至关重要。疫情后的金融改革计划应该聚焦于加强非银行金融部门的监管框架，完善审慎监管，以抑制长期低利率环境下过度承担风险的行为。中国银行研究院发布的2020年二季度《全球经济金融展望报告》分析指出，美国和部分新兴市场国家新增确诊人数激增表明新冠肺炎疫情存在不断反复的风险，这将导致经济停摆的时间延长，增加市场动荡和后续复苏的难度；同时，疫情也加快了全球经济金融格局调整的进程，主要表现为逆全球化趋势加剧、低利率成为常态，新兴市场内部脆弱性加剧。

3. 国际政治格局发生巨大变化

疫情加速了"百年未有之大变局"的演进，加剧逆全球化趋势，冲击全球供应链和产业链，各国国内内顾倾向明显上升。2020年10月中国共产党第十九届中央委员会第五次全体会议公报指出，我国发展环境面临深刻复杂变化，当前和今后一个时期，我国发展仍然处于重要战略机遇期，但机遇和挑战都有新的发展变化。

当今世界正经历百年未有之大变局，新一轮科技革命和产业变革深入发展，国际力量对比深刻调整，和平与发展仍然是时代主题，人类命运共同体理念深入人心，同时国际环境日趋复杂，不稳定性、不确定性明显增加。中美关系成为影响国际政治格局最重要的因素。疫情初期，中国国内供应链出现短暂中断，美国等国家鼓吹与中国脱钩，重构国际经济格局和供应链。伴随欧美疫情爆发，美国等政客和媒体又借新冠肺炎病毒污名化中国，以转移国内民众指责政府抗击疫情措施不力的矛盾。疫情期间，中国元首外交推动全球战"疫"合作，向100多个国家提供援助和支持，构建"健康丝绸之路"，大大提升了中国国际影响力。

4. 美国等西方国家仍主导国际经济金融体系

"冷战"结束后，国际政治经济格局依然是"一超多强、西强东弱、北强南弱"，国际经济金融体系的"游戏规则"由西方发达国家主导，发展中国家处于被动接受的地位。2008年国际金融危机暴露了国际货币金融体系的弱点和弊端，同时也为改革不合理的国际秩序提供契机。一系列国际经济和金融治理体系的变革，例如G20集团成立，APEC的发展壮大，金砖国家合作等，标志着发展中国家和新兴经济体的影响力日渐上升。然而，一个新的国际金融货币体系的诞生必将是世界主要国家之间重复博弈的结果，是一个漫长而又曲折的过程。以美国为首的西方发达经济体仍处于国际金融体系的核心地位，并对国际金融体系具有负面的溢出效应。西方发达经济体的价值观深刻影响国际金融机构（IMF和世界银行等）的经营理念和行为准则。在当前国际经济金融治理体系中，新兴市场高度依赖外部市场与美元融资，本就处于相对弱势。在疫情冲击下，其自身内外部脆弱性更易被放大。中国与中东国家金融合作，面临诸多西方跨国金融机构和国际金融机构的竞争。尤其值得注意的是，中美关系成为影响中国与中东深化合作的重要影响因素。

（二）来自中东国家的风险

1. 地缘政治风险上升

中东是世界上最不稳定、最动荡的地区，世界银行将利比亚、叙利亚和也门（高强度冲突）、伊拉克（中东强度冲突）、黎巴嫩和巴勒斯坦（高度脆弱性）列为地区最不稳定国家。疫情暴发后，中东地缘政治矛盾和冲突也未因疫情偃旗息鼓，美伊紧张局势仍有随时升级的可能，加上伊朗国内疫情和政局出现的潜在动荡，中东地缘政治形势或将进一步恶化。域外大国对中东的干涉和博弈，地区大国争夺地区主导权的斗争和博弈，成为影响中东地缘政治的最大因素。因此，中国企业走向中东还需警惕地缘政治风险。2019年以来，中东地区一些国家社会抗议活动频发，政局不稳。同时，由于疫情对经济和民生的影响，一些国家社会动荡加剧。一些西方国家出于自身利益，对中东国家内政和对外交往合作干涉更频，成为中国与中东国家深化合作的潜在威胁。

2. 安全问题频发

由于战乱冲突、宗教极端主义和恐怖组织长期存在，中东地区面临严重的安全问题。曾经猖獗的"伊斯兰国"组织虽然作为实体被消灭，但其残余势力仍伺机发动暴恐活动，接受其极端主义思想的也大有人在。"基地"组织作为老牌的恐怖组织，仍在中东地区有着一定的影响力。一些国家，例如伊拉克、突尼斯、埃及、利比亚等国，近年来多次爆发恐怖袭击事件，从而威胁中东地区中资企业人员及财产安全。

3. 营商环境较差

从营商环境来看，中东国家总体排名靠后，仅有4个国家全球排名居前50位。从清廉指数全球排名来看，中东国家总体排名靠后,这表明中东国家的政府治理能力和政府效率还比较低,利益集团对政府的影响还比较大。从全球竞争力排名看,中东仅有 6 个国家位居全球前 50 位;从经济自由度指数来看,中东地区经济比较自由的国家只有阿联酋、以色列和卡塔尔 3 个国家(见表 5-2)。此外,中东国家市场环境较好的国家主要是海合会国家、土耳其和以色列,其他国家还远没有形成公平竞争有效的市场环境,这限制了私营部门的发展,而充满活力的私营部门和中小企业是吸收就业、促进经济发展的重要力量。从国际上看,美国、德国和日本中小企业对经济发展的贡献大约是 50% 左右。

表 5-2 中东国家市场环境指数

中东国家	营商环境排名 2019	清廉指数排名 2018	竞争力排名 2018	经济自由度排名 2019
阿联酋	16	23	25	18
巴林	43	99	45	63
摩洛哥	53	73	75	78
沙特	62	58	36	83
阿曼	68	53	53	75
约旦	75	58	70	66
卡塔尔	71	33	29	31
突尼斯	78	73	87	128

续表

中东国家	营商环境排名 2019	清廉指数排名 2018	竞争力排名 2018	经济自由度排名 2019
科威特	83	78	46	79
吉布提	112	—	—	151
埃及	114	105	93	142
伊朗	127	138	99	164
黎巴嫩	143	—	88	157
阿尔及利亚	157	105	89	169
伊拉克	172	168	—	—
叙利亚	176	178	—	—
利比亚	186	170	—	—
也门	187	176	140	—
以色列	35	34	20	26
土耳其	33	78	61	71

资料来源：Transparency International, *Corruption Perception Index 2018*, p. 10; World Bank, *Doing Business* 2020, Dec. 2019, p. 16; The Heritage Foundation, *2020 Index of Economic Freedom*, January 2020, p. 2。

4. 疫情和低油价的双重打击，可能影响投资政策

疫情叠加低油价，中东国家银行流动性压力增大，不良贷款率上升，公共部门债务高，中小企业很难获得银行融资。海合会国家的银行业对建筑、房地产领域风险敞口较高，长期难以抵消持续低油价的影响。疫情使中东国家经济收缩、本币贬值、流动性紧张，当地政府削减预算，出台经济刺激措施，一些项目可能会推迟或搁置，会面临汇率汇兑损失风险。政府还

有可能出台不利于外资的投资政策和法律法规，例如实施外汇管制，从而使中资企业面临更为不利的投资环境。伴随疫情在中东各国蔓延，受西方政客和不良媒体的引导，中东一些国家也出现了针对华人和中资企业的歧视事件。此外，中美关系紧张考验中国与中东国家的友好合作关系，未来不排除个别中东国家被迫选边站队的情况。

5. 金融风险

中东国家区域发展不平衡，金融市场发展水平差异大。海合会国家、土耳其、黎巴嫩等国家金融体系比较发达，但部分国家金融体系不健全，缺乏成熟的股票、债券和基金等资本市场，保险业发展缓慢；金融机构治理不足、管理方法落后，经营效率低下；有的国家银行存在利率畸高、不良资产负担沉重等问题，金融发展缺乏良好的法律和信用环境，对金融投资者和消费者缺乏有效的保护机制，从而抑制外来投资。中国与中东国家的金融监管体制和监管政策也不尽相同，可能会阻碍双边金融合作。中东一些国家存在比较严格的金融管制，例如市场准入方面的限制、汇兑限制等。中国与中东国家的投融资合作仍以中资金融机构为主，这加大了中国金融机构的风险。一些国家经济形势恶化，金融市场波动性和经济脆弱性增加，信用评级展望普遍不高，汇率持续大幅贬值，例如伊朗、黎巴嫩、土耳其等国，从而造成中资企业和金融机构的汇兑损失。例如，土耳其里拉汇率容易受到政治经济等外部因素影响大幅波动，里拉的不确定性成为影响土耳其外资、外贸的最主要因素之一。2018年土耳其里拉成为新兴市场国家货币中贬值幅度最大的货币。一些国家长期与美国交恶，受到严厉的金融制裁，并因为美国的长臂管辖影响他国与该国的经贸合作，例如伊朗，多家中资企业、金融机构和个人因伊朗业务受到美国制裁。叙利亚内战爆发以来，叙利亚也遭受到来自欧美国家和阿拉伯国家的制裁，从而影响金融机构正常业务经营。受制于金融制裁，信用保险和银行保函问题也极大地困扰着企业经营。

6. 宗教文化等的差异问题

中国与中东国家友好合作关系历史悠久，源远流长。但是，相比与欧美国家关系，中国与中东国家人民还缺乏足够的相互了解。中东是犹太教、基督教和伊斯兰教三大宗教发源地。除了以色列，大多数国家居民信仰伊斯兰教，一些国家存在独特的伊斯兰金融体系。尽管在官方和民间，中国尝试在多个层面上与伊斯兰金融业务对接，但现阶段，中国金融机构尚不具备扩大伊斯兰金融合作的条件。由于历史上的殖民关系，中东国家金融机构和经营受西方金融理念影响，更倾向于西方文化。海合会国家的主权财富基金决策层多为具有西方教育背景的各国精英，对外投资对象以欧美等西方发达国家为主。西方国家的干预、浓厚的宗教氛围和社会风俗习惯差异等一系列问题，有可能使我国金融机构在加强与中东国家的合作进程中，由于未能适应当地复杂环境而产生误解甚至冲突，成为制约两地金融机构交往的不利因素。

（三）中国自身面临的挑战

中国经过四十多年的改革开放，自身经济、金融实力不断增强，并越来越多地参与到国际经济体系的竞争、合作当中，影响力逐渐扩大。但是，在百年未有之大变局下，中国经济发展和国际合作也面临来自内部的挑战。

1. 后疫情时代中国经济进入新发展格局

尽管中国已经成为世界第二大经济体，但是，中国仍处于社会主义初级阶段。习近平总书记在党的十九大报告中指出，我国社会主要矛盾已经转化为人民日益增长的美好生活需要和不平衡不充分的发展之间的矛盾。中国共产党第十九届中央委员会第五次全体会议指出，当前经济全球化遭遇逆流，单边主义、保护主义上升，新冠肺炎疫情带来广泛而深远的影响，世界面临的不稳定性不确定性更加突出。与此同时，我国已转向高质量发展阶段，正处在转变发展方式、优化经济结构、转换增长动力的攻关期，我国发展仍然处于重要战略机遇期，但机遇和挑战都有新的发展变化。面对纷繁复杂的国内外形势，最重要的是固本培元、练好内功，加快形成以国内大循环为主体、国内国际双循环相互促进的新发展格局。这既是我国应对疫情冲击的需要，保持我国经济长期持续健康发展的需要，也是满足人民日益增长的美好生活的需要。

2020年是中国全面建成小康社会、全面脱贫攻坚的收官之年。疫情冲击下，中国经济表现出较强的韧性，成为全球唯一经济正增长的主要经济体。但是，疫情仍然给中国经济发展带来较大冲击和影响，给本已受阻的中国经济带来更多困难。2020年4月17日，中共中央政治局召开会议，提出在疫情防控常态化前提下，坚持稳中求进，稳是大局，并首次提出"六保"[①]。疫情在国内经济"六保"压力之下，中国未来的发展策略和发展重点，将会更多转向国内，可能适当引导收缩对外投入的资源，这意味着中国在经济上

---

① 六保：保居民就业、保基本民生、保市场主体、保粮食能源安全、保产业链供应链稳定、保基层运转。

的"走出去"进程，可能不得不有所放缓。在全球投资环境日趋复杂的大背景下，中国对外投资可能延续近几年的下降趋势，甚至出现较大幅度的下降。中国经济"内向化"发展会使得对外投资的放缓趋势进一步加剧。国内企业由于预期投资收益下滑，现金流紧张，以及东道国经济收缩，也有可能暂时放缓海外投资的步伐。

国内银行等金融机构工作重心也将"内向化"，中资企业更不容易获得融资。中国在中东的大部分努力是利用中国在基础设施和重工业方面的竞争优势，进入快速增长的消费市场。大多数这样的项目、工程、交易都有赖于银行贷款（且主要是中资政策性银行和商业银行）的支持。国内经济下行压力传导至银行体系，将给银行信贷需求和资产质量等带来负面影响。目前，国内以银行为主的金融机构的业务重点是集中保障疫情防控重点企业的融资需求，必然会影响海外投资项目的融资空间和融资成本。中东许多中资企业和项目融资难、融资贵的问题将更加严峻，尤其是民营企业和中小企业，更难获得银行融资。

2. 中国金融体系现代化仍有较大提升空间

中国金融体系、金融市场发展仍然不成熟，缺乏效率。与西方发达国家相比，中国金融体系现代化和国际金融合作仍有较大提升空间,因此在国际金融市场面临全球成熟的跨国金融机构的激烈竞争。当前,中国在产权保护、政企关系、税收负担、利率市场化以及汇率弹性等方面仍存在许多结构性的问题,从而制约中国金融对外开放和金融业走出去,在人民币加入 SDR、人民币国际化、获得市场经济地位等方面遇到阻力。国家金融与发展实验室理事长李扬在 2020 中国国际金融年度论坛指出,中国金融业面临四大主要问题:一是中国金融机构仍以商业银行为主;二是中国股票市场上市公司结构以传统产业而不是高科技产业为引领;三是债券市场上,银行为地方政府发债买单;四是金融科技技术含量不够、制度保障也有缺陷。此外,中国金融体系在法制建设、规则连接、风险管理、审计制度、人才培养以及全球资源配置和辐射能力上仍有较大差距,营商环境仍有较大提升空间。

3. 中国与中东国家金融合作仍处于起步阶段

中国与中东国家经济发展程度差异较大,金融市场开放程度不一致,金融合作协调难度大,金融合作仍处于初级阶段。相比西方发达国家,中国与中东国家的金融合作刚刚起步。从区域金融合作视角来看,相比东盟国家、金砖国家等新兴市场和发展中经济体,中国与中东国家的金融合作规模和深度都不够。从国际金融合作视角看，无论是中国还是中东国家，与西方发达国家或周边国家的金融合作都远大于中国与中东地区之间的金融合作。从区域分布来看，中国对中东国家的金融合作更多集中在海湾国家（包括海合会六国和伊朗、伊拉克）、北非的埃及以及土耳其等国家，尤以资源丰富国家最为集中。从行业分布来看，以油气、电力、矿业和清洁能源等资源能源类行业为主，其次是交通、通讯等基础设施类项目，制造业占比不多，且主要是石化和金属冶炼项目。从第三方合作视角来看，当前的融资结构仍比较单一，主要依赖中国金融机构贷款。从国内融资来源看，政策性银行（国家开发银行和中国进出口银行）和国有商业银行（工农中建四大行）为主导，其中，政策性银行因具有开发性金融的职能，能够有效协调政府与市场机制，成为支持"一带一路"沿线项目融资的中坚力量。各类投资基金，包括丝路基金、中非基金等区域性基金，以及其他双边基金，参与的项目以股权投资为主，与区域、国际开发机构的三方合作项目不多，尤其是私人投资和私人资本参与率低。通过国际丝路债券市场为"一带一路"项目融资的模式还有待开拓。中东国家人民对人民币国际化的认可程度还有很大提升空间。受制于中东国家投资风险高及本土保险业发展滞后等问题,中国与中东保险市场合作发展较为缓慢。综上所述,中国与中东国家金融合作机制建设仍处于战略驱动、政府主导的起步阶段,制度化水平较低,多元市场主体参与热情尚待激发[①]。

---

① 叶玮、张瑾:《"一带一路"背景下中国与阿拉伯国家金融合作机制研究》,《阿拉伯世界研究》2020年第5期。

六 对深化中国—中东国家金融合作的政策建议

金融是实体经济的血脉，党的十八大以来，中国现代化金融体系在逐步完善，服务实体经济的能力显著增强。金融服务是全球服务贸易的重要组成部分，已逐渐成为中国对外开放和经济发展的新亮点和新引擎。丰富多元的投融资机制是共建"一带一路"的重要前提，要丰富并用好各种投融资方式，动员市场和中东国家的力量，推动构建市场化、可持续性、互利共赢的投融资体系，为"一带一路"建设提供长期资金支持。习近平主席强调，要发挥金融合作的服务支撑作用，为共建"一带一路"做好短期配合和长期配套，探索适合中东需求、体现中东特色的金融合作模式。

（一）练好内功，金融业服务新发展格局

2020年，党中央提出要构建国内、国际双循环相互促进的新发展格局，对金融高质量发展提出了更高要求。2020年中国国际服务贸易交易会上，中国银保监会、证监会和外汇管理局相关领导人指出，金融业要贯彻落实好新发展理念，坚定不移推动供给侧结构性改革，健全具有高度适应性、竞争力、普惠性现代金融体系，建设更高水平的开放型金融新体制，努力为金融科技发展营造更好的环境，推动金融服务业的现代化变革。推动金融业迈向以准入前国民待遇加负面清单为基础的制度性系统性开放，为"双循环"新发展格局的重点领域和重点环节提供高水平的金融支持。在金融对外开放领域，中国将引进更多专业化、有特色的外资金融机构来华发展，鼓励中外金融机构在产品、业务、管理、人才培训等方面深化合作。同时，稳步推进中资银行、证券、保险等机构走出去，深化金融合作。针对中国金融体系不成熟的问题，中国金融市场对外开放要稳步推进，不能搞"大跃进"，要遵循金融开放的顺序。此外，还应该发挥外国资本和外资金融机构的比较优势，让它们成为中国金融市场的建设者和推动者，推动中国的金融体系

更具现代化，更加完善，并更好地服务于实体经济。建设更高水平的开放型经济新体制，是构建新发展格局的应有之义。全面提高金融对外开放水平，推动贸易和投资自由化便利化，推进贸易创新发展，增强对外贸易综合竞争力。

2020年11月3日，新华社受权发布《中共中央关于制定国民经济和社会发展第十四个五年规划和二〇三五年远景目标的建议》（以下简称《建议》）。《建议》提出建立现代财税金融体制，建设现代中央银行制度，构建金融有效支持实体经济的体制机制，推进金融双向开放，完善现代金融监管体系。2020年11月3日第三届进口博览会召开前夕，跨境人民币贸易融资转让服务平台上线发布会在沪举行。跨境人民币贸易融资转让服务平台是落实《关于进一步加快上海国际金融中心建设和金融支持长三角一体化发展的意见》的具体举措，是境内外金融机构提供跨境人民币贸易融资相关服务的综合性数字化平台。首批参与机构64家，其中境内机构24家、境外机构40家，覆盖全球4大洲15个国家和地区。平台启动首日，系统运行平稳，业务处理顺畅，共有22家金融机构达成交易21笔，金额10.44亿元。展望未来，该平台将致力于有序带动跨境贸易融资市场的活跃，进一步激发市场主体活力，促进跨境贸易融资利率下降，加强贸易融资便利度，降低外贸中小企业融资成本，加快商流、物流与资金流的流转，畅通内外循环通路，助力形成内外互济的双循环新格局。

（二）加强共识，互利共赢

加强共识建设，互利共赢，寻找更多的利益共同点是中国与中东国家深化金融合作的根本驱动力。从政府层面来讲，应加强顶层设计，构建中国与中东国家金融合作的战略方向。从企业层面来讲，应坚持市场化原则，以企业为主体，扩大政企沟通交流、深化项目对接。在社会文化层面，应求同存异，加强沟通了解，互相尊重对方的社会文化习俗，促进民心相通。同时，针对中东国家金融体系失衡问题，在开展双边金融合作时要坚持因国制宜、因地施策，精准对接合作。

鼓励双方互设金融分支机构，推动金融同业交流合作。中资金融机构应从跟随企业"走出去"进一步转变为主动走到市场前端，直接对接海外政府和企业客户，挖掘掌握市场信息与机遇，引领企业"走出去"。目前，中资金融机构在西亚（主要是海合会国家）的布局比较集中，但在北非阿拉伯国家中还没有中资商业银行进驻。未来商业银行可以在条件成熟时进驻北非地区，为中资企业在阿拉伯国家发展提供金融服务，并借此平台辐射到欧洲和非洲地区。中资商业银行除了在当地经营离岸业务以外，还应探索金融机构在海合会开拓业务的新机遇，在控制和有效管理风险的前提下，借鉴跨国银行在海合会国家的经验教训，涉足批发银行业务和投资理财业务，加强在反洗钱等领域的合作。随着中国在外资银行业务范围和市场准入等领域进一步扩大开放，中东国家金融机构也将加快在中国的布局。

（三）创新投融资模式

目前，融资难仍是中资企业走向中东国家的重要问题。商业银行利息高、借贷成本高，政策性银行主要面向国有企业或者是有东道国主权担保的项目，私营企业和中小企业融资非常困难。中资企业的融资渠道比较单一，除了自有资金积累，仍主要依赖中资银行，导致中资银行融资压力大，风险提升。中资银行的贷款应适当向那些利润可观并具有可持续性的项目及中小企业倾斜，同时加强与亚洲开发银行、亚投行以及世界银行等国际金融机构的合作，开展银团贷款、股权投资等，降低融资风险。阿拉伯国家能源、矿产及基础设施建设项目符合项目融资的条件，政府也在推动PPP①项目融资模式，中国金融机构可参与其中。对贷款抵押品不足，工期长、风险高的项目融资可以通过石油换贷款方式或者以主权信用作为担保的方式，有效规避信贷风险。中国企业还应充分利用中国政策性担保机构和政策性银行提供的商业担保服务，还可以通过债券、股票开展投行业务、并购等多种形式的融资，撬动更多国际资金，减少"一带一路"建设对传统银行贷款的过度依赖。

创新投融资基金，提升运行效率。对外投融资基金是推进"一带一路"建设资金融通的重要渠道，是促进国际产能合作、产融协作的有力抓手，是金融支持企业创新开展对外投资的有效方式②。中国与海合会国家均拥有丰富的主权财富基金和私人资本，海合会国家银行流动性充足，可以成为投融资基金的重要来源。中方支持中国有关金融证券机构同阿拉伯国家主权财富基金和管理机构合作，建立立足海湾、辐射中东北非、吸收全球投资者的国际交易平台③。深化国际产能合作，带动优势产能、优质装备、适用技术输出，

---

① PPP（Public–Private Partnership），又称PPP模式，即政府和社会资本合作，是公共基础设施中的一种项目运作模式。在该模式下，鼓励私营企业、民营资本与政府进行合作，参与公共基础设施的建设。

② 国家发展与改革委员会：《关于引导对外投融资基金健康发展的意见》，2018年4月。

③ 习近平：《携手推进新时代中阿战略伙伴关系——在中阿合作论坛第八届部长级会议开幕式上的讲话》，《人民日报》2018年7月11日。

提升中国技术研发和生产制造能力，弥补中国能源资源短缺，推动相关产业转型升级。具体到阿拉伯国家，应以能源合作为主轴，以基础设施建设、贸易和投资便利化为两翼，以核能、航天卫星和新能源三大高新领域为突破口。

建立产融合作平台。围绕工业园建设拓展多元化投融资渠道，推进园区服务、企业成长、金融支持三位一体发展。中方设立"以产业振兴带动经济重建专项计划"，提供200亿美元贷款额度，同有重建需求的国家加强合作，按照商业化原则推进就业面广、促稳效益好的项目[①]。中国还应重点关注和支持有实力的公司对直接投资项目、出口设备和承包工程的融资需求，适当加大对中小型企业尤其是民营企业走向阿拉伯国家的金融扶持，带动中国优势产能在所在国发展。

中国与中东国家正在积极发展数字经济和数字金融。尤其海合会国家、埃及、突尼斯、土耳其等国多已制定了相关发展规划。未来数字金融可以成为"一带一路"建设过程中的金融领域国际合作的重点之一。

---

① 习近平：《携手推进新时代中阿战略伙伴关系——在中阿合作论坛第八届部长级会议开幕式上的讲话》，《人民日报》2018年7月11日。

（四）在中东国家积极推进人民币国际化

在现代科技发展突飞猛进的今日，贸易保护主义以及以货币为基础的经济制裁手段，正在给全球市场体系带来非常显著的扭曲。推进人民币国际化需得到高度关注，人民币国际化将促进我们对全球化、贸易自由化、投资便利化、多边主义和实现人类命运共同体等主张的实现。《2019年度人民币国际化白皮书》指出，利率、汇率、风险对冲成本以及资金获得的难易程度等因素，对境外市场主体是否选择人民币作为贸易融资货币带来不同程度的影响。白皮书认为，如果能进一步发展更有深度和广度的外汇交易市场，丰富汇率风险管控工具，降低人民币汇率风险对冲成本，将有助于提升人民币贸易融资货币职能。为应对"后石油时代"，促进经济多元化发展，海合会国家争当地区金融中心的竞争非常激烈，阿联酋迪拜已经成为中东地区的金融中心。摩洛哥正努力将卡萨布兰卡建成北非地区金融中心，成为投资北非地区的平台。中国已在卡塔尔多哈和阿联酋拥有两个人民币清算中心。未来，中国金融机构可调研在其他国家（例如埃及、摩洛哥）设立分支机构和清算行的可行性。成立清算中心更多的是为中国合作伙伴提高金融和投资操作层面上的便利，更有利于加强双方的合作关系，进而占据更大的市场份额。

（五）加强投融资监管与合作，建立风险防范机制

中国与中东国家建立投融资体系仍面临很多挑战。金融体系对外开放程度不一致，尚未建立有效的沟通和对话渠道，合作机制单一；金融合作限于金融机构之间，局限于国际贸易、跨境投资和信贷等领域；中东人民对人民币结算的意识和信心有待提高；投融资合作专业化管理水平有待提升，统筹管理和监管体系尚不完善；一些中东国家长期动荡不安，汇率波动大，不利于双边金融合作；同为发展中国家和地区，增强化解金融危机和应对金融风险能力，成为金融合作的重中之重。因此双方应尽快建立投融资合作体系的制度性框架安排。为缓解和减轻各类项目参与主体的信息不对称以及融资的区域和行业不均衡问题，应建设金融服务支撑体系。其一，可以在中阿合作论坛机制下定期召开中阿金融合作大会，不断扩展双方合作的深度和广度。同时，大力培育国际化的投融资管理人才，切实做好风险防范工作。其二，建立开放共享的项目融资信息平台。由相关部门牵头整合国有大型金

融机构的现有项目资源，并持续性地从沿线国家收集项目信息，定期在平台上发布。其三，设立专业的金融咨询服务平台。鼓励中资金融机构开展沿线项目的咨询服务，对外向沿线国家的机构和企业提供投融资顾问、风险管理等服务，对内帮助中国企业识别和管理沿线项目的市场风险和信用风险等。其四，鼓励中国与中东国家的金融机构互设分支，以便深入了解彼此的金融法规和投融资流程，并更好地为双方企业提供咨询服务。

（六）积极参与国际经济金融治理

全球化的经济需要全球化的治理。2008年国际金融危机以来，中国积极参与国际经济金融治理，防范金融风险，确保金融安全。从坚定支持多边贸易体制，积极参与世界贸易组织改革，到加快建设面向全球的自贸区网络；从加强与联合国交流合作，到在二十国集团、金砖国家等国际平台积极发声。秉持共商共建共享理念，中国推动国际政治经济秩序朝着更加公正合理的方向发展，中国倡议、中国方案为解决世界难题贡献了智慧。党的十九届五中全会指出，实行高水平对外开放，开拓合作共赢新局面。

当前以美元霸权为特征的国际货币体系、美国等西方国家主导的国际金融体系存在种种弊端，对全球金融稳定与安全存在潜在威胁。国际货币金融体系改革步伐缓慢，困难重重，国家间协调机制代表性不足，尤其不能反映新兴市场国家的诉求。同为发展中国家和地区，中国与中东国家的金融合作应成为中国参与国际经济金融治理的重要组成部分。通过加强金融监管协调，对话协商解决国际金融问题，探索建立多领域的双边或多边对话机制和平台，促进国际货币金融合作，改革国际货币金融体系，扩大双方在全球经济金融治理中的影响力。

参考文献

习近平:《携手推进新时代中阿战略伙伴关系——在中阿合作论坛第八届部长级会议开幕式上的讲话》,《人民日报》2018年7月11日。

习近平:《携手推进新时代中阿战略伙伴关系——在中阿合作论坛第八届部长级会议开幕式上的讲话》,《人民日报》2018年7月11日。

"'一带一路'银行家圆桌会议在京成功举办",中国工商银行官网,http://www.icbc.com.cn/icbc/gxk_1/12854.htm。

巴曙松、刘先丰、崔峥《伊斯兰金融体系形成的市场基础与金融特性研究》,《金融理论与实践》2009年第6期。

国家发展与改革委员会:《关于引导对外投融资基金健康发展的意见》,2018年4月。

连平等:《金砖国家金融合作研究》,中国金融出版社

2016年版。

钱学文:《海湾国家经济贸易发展研究》,上海外语教育出版社2000年版。

王端:《谁才是中东的金融中心》,财新网,http://opinion.caixin.com/2012-11-29/100466489.html。

许利平等:《当代东南亚伊斯兰发展与挑战》,时事出版社2008年版。

杨力、梁庆:《中东金融国际化对中国的机遇》,《国际观察》2019年第1期。

叶玮、张瑾:《"一带一路"背景下中国与阿拉伯国家金融合作机制研究》,《阿拉伯世界研究》2020年第5期。

Alejandro Alvarez De La Campa, *Increasing Access to Credit through Reforming Secured Transactions in the MENA Region*, World Bank Financial Flagship, June 2010.

Alejandro Alvarez De La Campa, *Increasing Access to Credit through Reforming Secured Transactions in the MENA Region*, World Bank Financial Flagship, June 2010.

Arab Monetary Fund, *Financial Market/Markets Performance/Daily Performance*, http://www.amf.org.ae/en/amdb_performance/daily, 2017-10-25.

Clement M. Henry and Rodney Wilson, "The Politics of Islamic Finance", *International Journal of Islamic & Mid-*

dle Eastern Finance & Management, 2004, 7 (3).

Clement M. Henry and Rodney Wilson, "The Politics of Islamic Finance", International Journal of Islamic & Middle Eastern Finance & Management, 2004, 7 (3).

Diego Anzoategui, Bank Competition in the Middle East and Northern African Region, World Bank Financial Flagship, June 2010.

Ibrahim Warde, Islamic Finance in the global Economy, Edinburgh: Edinburgh University Press, 2000.

Ibrahim Warde, Islamic Finance in the Global Economy, Edinburgh: Edinburgh University Press, 2000.

IFSB, Islamic Financial Services Industry Stability Report 2020, July 2020.

International Association of Islamic Banks (1997); Tarek S. Zaher and M. Kabir Hassan, "A Comparative Literature Survey of Islamic Finance and Banking", Financial Markets, Institutions & Instruments, Vol. 10, No. 4, November 2001.

Nada Kobeissi & Xian Sun, "Ownership Structure and Bank Performance: Evidence from the Middle East and North Africa Region", Comparative Economics Studies, May 2010.

Naiem A. Sherbiny, Oil and the Internationalization of Arab

Banks, Oxford: Oxford Institute for Energy Studies, 1985.

Rodney Wilson, "The Development of Islamic Finance in the GCC", The Centre for The Study of Global Governance Working Paper, May 2009.

Rodney Wilson, *Banking and Finance in the Arab Middle East*, Byfleet: Macmillan Publishers Ltd, 1983.

Standard & Poor's, *Islamic Finance Research*, Kuwait Finance House, 20 January 2009.

The Banker, *Top 1000 World Banks 2017*, 2017-10-15, www.thebankerdatabase.com.

The Banker, *Top 500 Islamic Financial Institutions Supplement*, Nov. 2009.

The Banker, *Top 500 Islamic Financial Institutions*, Nov. 2010.

World Bank, *International Financial Corporation*, 2010.

World Bank - Financial Flagship, *Bank Competition in the Middle East and Northern African Region*, June 2010.

World Bank - Financial Flagship, *Bank Competition in the Middle East and Northern African Region*, June 2010.

World Bank - Financial Flagship, *Financial Inclusion in the Middle East and Northern Africa*, 2010.

WTO, "Trade set to plunge as COVID-19 pandemic upends global economy", April 2020.

Your Middle East：Saudi prepares to launch first sovereign wealth fund, http：//www. yourmiddleeast. com/business/saudi－prepares－to－launch－first－sovereign－wealth－fund_ 24190.

姜英梅，法学博士，中国社会科学院西亚非洲研究所副研究员，主要研究中东经济发展、中东金融问题。